JN251417

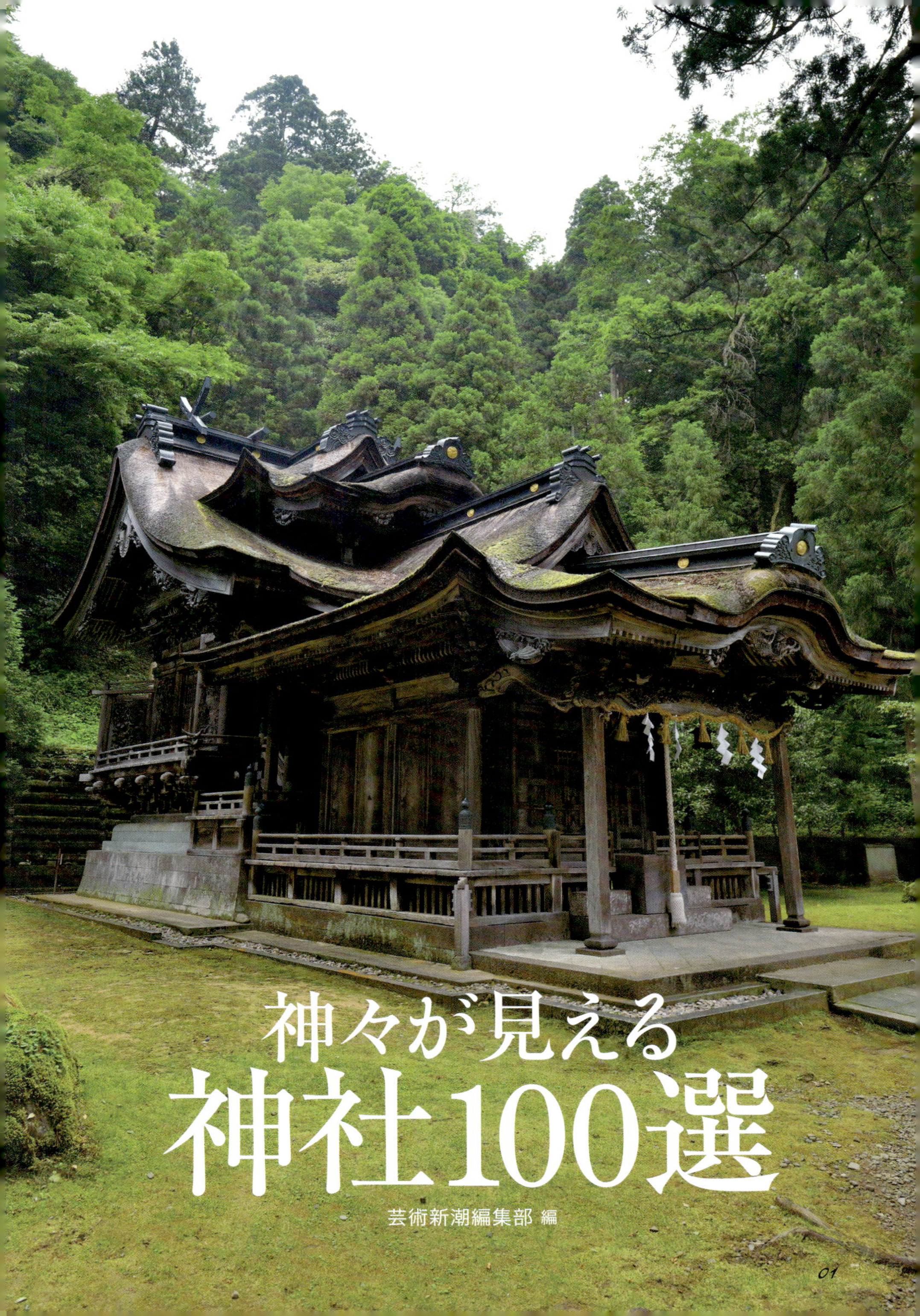

神々が見える
神社100選

芸術新潮編集部 編

はじめに

古今東西、芸術と信仰は切っても切れない関係にある。神や仏の教えを伝える言葉は文学の母胎となり、秀麗な神社仏閣が建てられ、それを音楽や絵画、彫刻が荘厳した。それらのなかには世界遺産に登録されたり、国宝、重要文化財に指定されているものも数多ある。仏教美術や神話や祭りについてたびたび特集してきた「芸術新潮」が、ここで改めて注目したのは神社。神社の総数は８万とも10万とも言われている。その膨大な数から究極の１００社を厳選した。「神々が見える」をキーワードに選んだ、いつかは訪ねてみたい素敵なお社ばかりだ。

全体は８つのテーマで分けられている。第１章では古代以来の祭祀を伝える大社中の大社、第２章は記紀神話に登場する神々を祭る、あるいは神話の舞台となった神社。第３章では名建築として知られる社殿を訪ねた。第４章では神道と仏教の関わりに着目する。今でこそ神社と寺は別々のものだが、仏教伝来からほどなく神仏習合の理念が生まれ、明治時代の神仏分離を迎えるまでじつに１０００年もの間、寄り添って存在してきた。祭祀や境内の空間に、その信仰の面影を残す神社もあるのだ。第５章で登場するのは人を祭神とする神社。菅原道真に平将門、豊臣秀吉、徳川家康、明治天皇……祟りを鎮めるため、あるいは偉人の業績にあやかるため、人神信仰もまた古くから根付いている。第６章は山をご神体とする神社、第７章は国宝を所有する神社。国宝所蔵というと大社のイメージが強いが、じつはそうとも限らない。最後の第８章は一の宮、その「国」で一番の神社を紹介する。

神社紹介の本はたくさんあるが、ここまで社殿建築にこだわりぬいたヴィジュアルガイドは他にないだろうと自負している。清々しい空気に包まれながら、神々を訪ねる旅を楽しんでほしい。

「芸術新潮」編集長　吉田晃子

［カバー表／扉］大瀧神社（福井県越前市　105頁参照）
［カバー裏］出雲大社神楽殿（島根県出雲市　20-23頁参照）

北アルプスを仰ぐ信州の高原の森の中にある仁科神明宮の、飾り気がなく穢れを知らない乙女のような佇まい。88～89頁参照。

目次

はじめに …… 02

第1章 神社の誕生 …… 14
第2章 神話の神さまとその現場 …… 52
第3章 神社名建築紀行 …… 78
第4章 神と仏の千年史 …… 118
第5章 人、神となる …… 156
第6章 山は神さま …… 184
第7章 国宝あります …… 204
第8章 諸国一の宮めぐり …… 220

神社100選マップ …… 06

神社めぐりを楽しむための7つのポイント …… 10
イラストレーション　伊野孝行

Q&A1 神社のはじまり　解説　岡田莊司 …… 44
Q&A2 人を神として祭るということ …… 176
解説　伊藤聡　イラストレーション　別府麻衣

神話の神さま名鑑 …… 72
イラストレーション　死後くん

知りたい！　神社の見方
案内する人　米澤貴紀
Lecture1 …… 106
Lecture2 …… 144

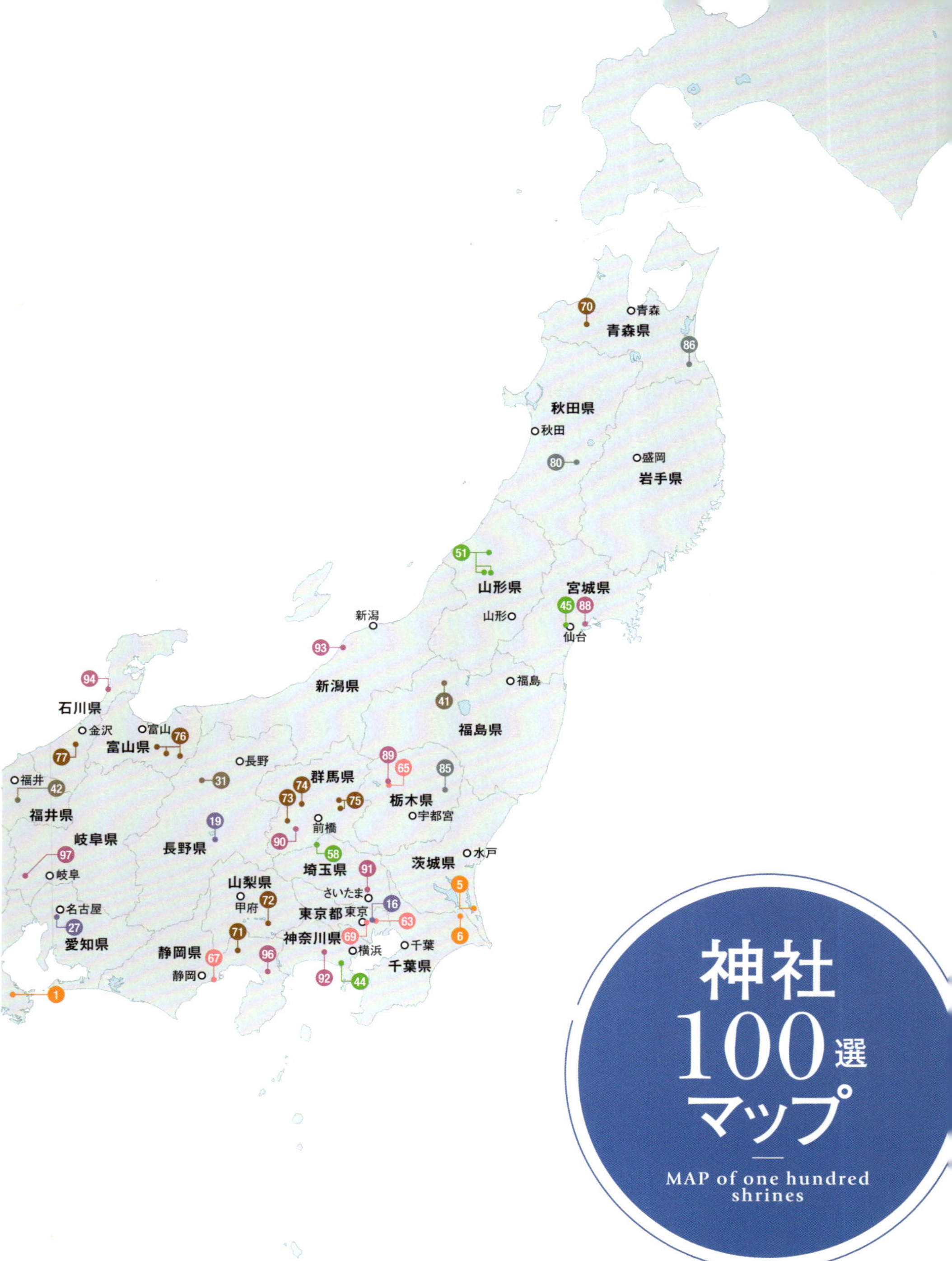

神社 100選 マップ

MAP of one hundred shrines

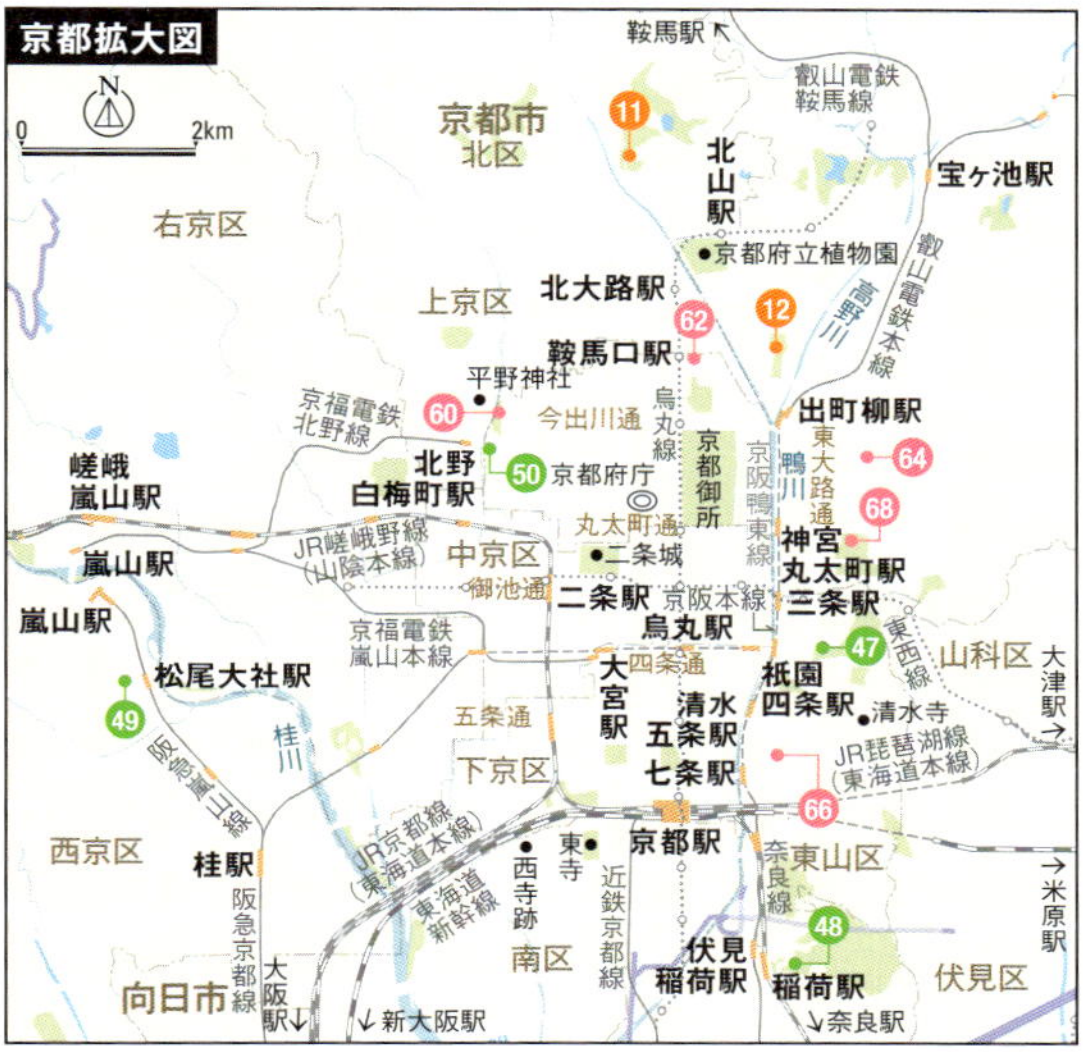
京都拡大図
0
2km
N
鞍馬駅
叡山電鉄鞍馬線
京都市
北区
宝ヶ池駅
北山駅
右京区
京都府立植物園
叡山電鉄本線
高野川
上京区
北大路駅
鞍馬口駅
平野神社
京福電鉄北野線
今出川通
烏丸線
出町柳駅
京都御所
京阪鴨東線
鴨川
東大路通
嵯峨嵐山駅
北野白梅町駅
京都府庁
丸太町通
神宮丸太町駅
JR嵯峨野線(山陰本線)
中京区
二条城
嵐山駅
御池通
二条駅
京阪本線
三条駅
嵐山駅
京福電鉄嵐山本線
烏丸駅
東西線
山科区
大津駅→
松尾大社駅
大宮駅
四条通
清水五条駅
祇園四条駅
清水寺
五条通
阪急嵐山線
桂川
下京区
七条駅
JR琵琶湖線(東海道本線)
西京区
桂駅
JR京都線(東海道本線)
西寺跡
東寺
京都駅
東海道新幹線
近鉄京都線
奈良線
東山区
→米原駅
阪急京都線
向日市
大阪駅↓
↓新大阪駅
南区
伏見稲荷駅
稲荷駅
伏見区
↘奈良駅
11
12
62
60
50
64
68
47
49
66
48

島根県
松江
鳥取県
鳥取
山口県
山口
広島
広島県
岡山県
岡山
兵庫県
京都府
京都拡大図
京都
滋賀県
大津
神戸
大阪
奈良
大阪府
津
和歌山
奈良県
和歌山県
三重県
福岡
佐賀県
佐賀
福岡県
長崎県
長崎
大分
大分県
熊本
熊本県
宮崎県
鹿児島県
鹿児島
宮崎
松山
愛媛県
高松
香川県
徳島
徳島県
高知県
高知
N
0
100km
地図：atelierPLAN

第1章 神社の誕生

ORIGIN

1	神宮（伊勢神宮）	三重県	16〜19頁
2	出雲大社	島根県	20〜23頁
3	大神神社	奈良県	24〜25頁
4	宗像大社	福岡県	26〜27頁
5	鹿島神宮	茨城県	28頁
6	香取神宮	千葉県	29頁
7	春日大社	奈良県	30〜33頁
8	住吉大社	大阪府	34〜35頁
9	宇佐神宮	大分県	36〜39頁
10	石清水八幡宮	京都府	40〜41頁
11	賀茂別雷神社（上賀茂神社）	京都府	42頁
12	賀茂御祖神社（下鴨神社）	京都府	43頁

第2章 神話の神さまとその現場

MYTHOLOGY

13	多賀大社	滋賀県	54頁
14	花窟神社	三重県	55頁
15	西宮神社	兵庫県	56頁
16	東京大神宮	東京都	57頁
17	須我神社	島根県	58頁
18	美保神社	島根県	59頁
19	諏訪大社	長野県	52〜53／60〜61頁
20	高千穂神社	宮崎県	62頁
21	鵜戸神宮	宮崎県	63頁
22	霧島神宮	鹿児島県	64頁
23	和多都美神社	長崎県	65頁
24	磐船神社	大阪府	66〜67頁
25	橿原神宮	奈良県	68頁
26	大鳥大社	大阪府	69頁
27	熱田神宮	愛知県	70〜71頁

第5章 人、神となる

APOTHEOSIS

60	北野天満宮	京都府	156〜159頁
61	太宰府天満宮	福岡県	160〜161頁
62	御靈神社（上御霊神社）	京都府	162頁
63	神田神社	東京都	163頁
64	吉田神社	京都府	164〜165頁
65	日光東照宮	栃木県	166〜171頁
66	豊国神社	京都府	172頁
67	久能山東照宮	静岡県	173頁
68	平安神宮	京都府	174頁
69	明治神宮	東京都	175頁

第6章 山は神さま

SACRED MOUNTAINS

70	岩木山神社	青森県	186〜187頁
71	富士山本宮浅間大社	静岡県	188頁
72	北口本宮冨士浅間神社	山梨県	189頁
73	妙義神社	群馬県	190〜191頁
74	榛名神社	群馬県	192〜193頁
75	赤城神社	群馬県	194〜195頁
76	雄山神社	富山県	184〜185／196頁
77	白山比咩神社	石川県	197頁
78	大神山神社 奥宮	鳥取県	198〜201頁
79	阿蘇神社	熊本県	202〜203頁

第4章 神と仏の千年史
SYNCRETISM

㊸	日吉大社	滋賀県	118〜121頁
㊹	鶴岡八幡宮	神奈川県	122頁
㊺	大崎八幡宮	宮城県	123頁
㊻	香椎宮	福岡県	124頁
㊼	八坂神社	京都府	125頁
㊽	伏見稲荷大社	京都府	126〜127頁
㊾	松尾大社	京都府	128〜129頁
㊿	大将軍八神社	京都府	130〜131頁
�	出羽三山神社	山形県	132〜133頁
㊾	熊野本宮大社	和歌山県	134〜135頁
㊾	熊野速玉大社	和歌山県	134〜135頁
㊾	熊野那智大社	和歌山県	134〜135頁
㊾	英彦山神宮	福岡県	136〜137頁
㊾	金刀比羅宮	香川県	138〜139頁
㊾	談山神社	奈良県	140〜141頁
㊾	金鑽神社	埼玉県	142頁
㊾	名草神社	兵庫県	143頁

第3章 神社名建築紀行
ARCHITECTURAL MASTERPIECES

㉘	嚴島神社	広島県	78〜81頁
㉙	吉備津神社	岡山県	82〜85頁
㉚	石上神宮	奈良県	86〜87頁
㉛	仁科神明宮	長野県	4/88〜89頁
㉜	神魂神社	島根県	90頁
㉝	水若酢神社	島根県	91頁
㉞	宇太水分神社	奈良県	92〜93頁
㉟	宇治上神社	京都府	94頁
㊱	住吉神社	山口県	95頁
㊲	都久夫須麻神社	滋賀県	96頁
㊳	御上神社	滋賀県	97頁
㊴	油日神社	滋賀県	98〜99頁
㊵	青井阿蘇神社	熊本県	100〜103頁
㊶	新宮熊野神社	福島県	104頁
㊷	大瀧神社	福井県	1/105頁

第8章 諸国一の宮めぐり
ICHINOMIYA

㊹	鹽竈神社	宮城県	222頁
㊺	日光二荒山神社	栃木県	223頁
㊻	一之宮貫前神社	群馬県	224〜225頁
㊼	氷川神社	埼玉県	226頁
㊽	寒川神社	神奈川県	227頁
㊾	彌彦神社	新潟県	228頁
㊿	氣多大社	石川県	229頁
㊾	氣比神宮	福井県	230頁
㊾	三嶋大社	静岡県	231頁
㊾	南宮大社	岐阜県	220/232〜233頁
㊾	建部大社	滋賀県	234〜235頁
㊾	土佐神社	高知県	221/236頁
⑩	高良大社	福岡県	237頁

第7章 国宝あります
NATIONAL TREASURES

⑳	水神社	秋田県	204〜207頁
㉑	譽田八幡宮	大阪府	208〜209頁
㉒	道明寺天満宮	大阪府	210〜211頁
㉓	小村神社	高知県	212〜213頁
㉔	劔神社	福井県	214頁
㉕	笠石神社	栃木県	215頁
㉖	櫛引八幡宮	青森県	216〜217頁

神社めぐりを楽しむための
7つのポイント

イラストレーション 伊野孝行

1 祭神

主祭神を中心に、本殿に同居する相殿神《あいどのがみ》、境内の摂社や末社（107頁参照）の神まで、1つの神社には複数の神が祭られているのが普通だ。現在、多くの神社が古代神話に登場する有名な神を主祭神や相殿神とするが、近世以降に神名が変更された場合が少なくない。伊勢神宮のアマテラス、出雲大社のオオクニヌシ、大神神社のオオモノヌシのように祭神が古事記・日本書紀によって確認できるのはむしろ例外で、古代の神社の祭神は単に鎮座する地名や神社名に「神」を付して「○○の神」と呼ばれることが多かった。

2 神さまの数

「八百万《やおよろず》の神」と言うように、神社神道は多神教である。古事記・日本書紀に登場する神は合計327柱《はしら》（神は柱または座で数える）だが、八幡神のように起源は古くとも記紀神話に登場しないケースもあれば、菅原道真や徳川家康のように神になる人間もいる。また、靖國神社の祭神は246万6000余柱である。神の数は基本的には増えることはあっても減ることはないから、とにかく少しずつ八百万に近づいているのは確かだろう。

3 神社の数と系列

文化庁の統計によれば全国の神社数は約8万6000社。全く新しい祭神が生まれることもあるが、多くの神社は有力な神を勧請《かんじょう》する（神霊を分けて新たに祭る）ことによって誕生する。従って神社には系列がある。神社本庁の「全国神社祭祀祭礼総合調査」によれば、最も数が多いのは八幡信仰の系列で7817社。以下、伊勢、天神、稲荷、熊野、諏訪、祇園、白山、日吉、山神（中核神社なし）、春日、愛宕、三島・大山祇、鹿島、金毘羅、住吉、大歳（中核神社なし）、厳島、貴船、香取の順で続いている。

4 遷宮《せんぐう》

神社本殿の建替えや修理に際して祭神を仮の本殿などに遷《うつ》すことで、さらに事業の全体をも言う。年数を決めて定期的に行なうのが式年遷宮。20年に一度の伊勢神宮の式年遷宮が有名だが、春日大社、賀茂社などでも行う。遷宮には建物を清新にすることで神威を増進する目的がある。国宝・重文指定の神社建築が寺院建築とは比較にならないほど少ないのは、神社が新しきを尊び、建替えに積極的なため。文化財指定は古いものが優先される。伊勢神宮の社殿は築20年を超えることがないから、文化財指定の対象にはなりようがないのだ。

5 式内社《しきないしゃ》

延喜5年（905）に編纂が開始された律令の施行細則「延喜式《えんぎしき》」50巻のうち、巻9〜巻10の神名《じんみょう》帳《ちょう》に載る神社のこと。政府が運営に関与していた官社、計2861社（祭神は計3132座）を国郡別に列挙している。このうち特に重視された224社306座が名神大社《みょうじんたいしゃ》とされた。ここに名が見えれば創建が古代に遡る動かぬ証拠だから、神社界のステイタスとなっている。また、式内社なのかどうか議論のある神社を論社《ろんしゃ》と言う。

6 二十二社・一の宮

全国の官社を中央で一元管理しようとした律令政府の方針は早々にゆきづまり、平安時代に入ると畿内近国と地方とで2系統に分けたシステムに切り替えられる。やがて、国家的大事に際して朝廷の奉幣《ほうへい》に与る神社が固定し始め、11世紀後半に22社で落ち着いた。伊勢以下、石清水・賀茂・稲荷・松尾・春日・大神・住吉・日吉などである。一方、地方においては、それぞれの国司が特に重視した神社が〝国中第一の鎮守〟一の宮（一之宮、一宮）としての格付けを得てゆく。中央の「二十二社」、地方の「一の宮」――それらのうちには、現在でも有力神社の地位を保つものが少なくない。

7 近代社格制度

明治政府による神社の格付け制度で、官社と諸社の別がある。官社はさらに奉幣が皇室からなされる官《かん》幣《へい》社《しゃ》と、国庫からなされる国《こく》幣《へい》社《しゃ》に分けられ、それぞれ大中小があった。また、楠木正成のような尊王の功臣を祭る別格官幣社という枠も設けられた。官幣大社、国幣大社、官幣中社、国幣中社、官幣小社、国幣小社という序列で、別格官幣社は官幣小社と同待遇。諸社には、信仰圏の範囲によって県社（府社）、郷《ごう》社《しゃ》、村《そん》社《しゃ》がある。どの社格にも入らない神社は無格社で、神社の95パーセント以上を村社と無格社が占めた。なお、伊勢神宮は制度の対象外。社格制度は戦後、GHQの神道指令によって廃止された。

各神社のデータの凡例

社名　現在の正式名称を記載するが、必要に応じて通称で表記、
または付記する。

祭神　現在の主祭神を記載する。

創建　神社の沿革に明示されている場合に記す。
伝説の場合と歴史的事実の場合がある。

社格　式内社／二十二社／一宮／近代の社格の順で、
該当の事項を記す。
式内社のうち名神大社は名神大と付記。

文化財　国宝および国指定重要文化財（重文と略す）を記載する。

＊アクセスについては鉄道駅との関係を優先的に記していますが、あくまで1つの目安です。また記事中で触れた以外にも、社殿の修復工事等が行われている場合があります。お出かけの際は事前にご確認ください。

10〜13頁に描かれている動物は以下の神さまの神使（しんし。神さまのお使い）です。サル=日吉・浅間、ヘビ=大神（神使というより祭神の化身）、ヤタガラス=熊野、キツネ=稲荷、シカ=鹿島・春日・嚴島、ハト=八幡、カメ=松尾。また、各章扉にも神使マークが入っていますがこの見開きと重複しないものは次の通り。第1章ニワトリ=伊勢・石上、第2章ウサギ=住吉、第5章ウシ=天神、第6章オオカミ=三峯・武蔵御嶽（本書では紹介していない）、第8章ウナギ=三嶋。

第1章
神社の誕生
ORIGIN

山や岩を神の依り代として拝んでいた日本人はやがて、
神が住まう宮殿——社殿を造るようになる。時は7世紀、飛鳥時代。
中国の政治制度を採り入れ、仏教が根付き始めたこの時代は、
神々との新しい関係が模索された転換期でもあった。
伊勢、出雲、大神、宗像など古代から現代まで連綿と祭祀を伝える
大社の中の大社を訪ね、神社誕生の原風景を探る。

出雲大社から西1キロの稲佐（いなさ）の浜。古事記によれば、高天原から派遣されたタケミカヅチノカミはイナサの小浜に降り到り、波の穂に逆さまに刺し立てた十握剣（とつかのつるぎ）の切っ先にあぐらをかき、国つ神の王オオクニヌシノカミに国譲りを迫った。日本神話のクライマックスの舞台に、春の日がゆっくりと傾いてゆく。

つつしみ、かしこむ

伊勢神宮

外宮（げくう）の中重（なかのえ。4重の瑞垣を2つ入った場所）に進入して平伏する、白衣の神職たちと青い素襖（すおう）の職人たち。門のすぐ右に見えているのが正殿。この日は第62回遷宮の木造始祭（こづくりはじめさい）で、造営のための木取りを始めるにあたり、作業の安全を祈った。平成18年4月21日。

皇祖神をまつる
神社界の不動の盟主

神宮《じんぐう》

祭神 皇大神宮(内宮)　天照大御神《あまてらすおおみかみ》
豊受大神宮(外宮)　豊受大御神《とようけのおおみかみ》
創建 内宮《ないくう》＝垂仁天皇26年(ＢＣ４)
外《げ》宮《くう》＝雄略天皇22年(４７８)
社格 式内社・二十二社
文化財 国宝＝玉篇巻第廿二
重文＝神宮古神宝類 他

新造なった伊勢神宮（正式名称は「神宮」）の正殿《しょうでん》（＝本殿）の周囲に白い丸石を敷き詰める御《お》白石《しらいし》持《もち》行事は、旧神領民《しんりょうみん》の奉仕によるもので、一般人が正殿を間近に拝することができる唯一の機会だ。前々回、平成5年の遷宮の折、この行事に参加したが、真夏の太陽を浴びた内宮正殿は目映いほど白く輝いていた。それは、神殿を建替えることで神威を回復するという遷宮の目的がひと目で納得される、迫力に満ちた

［上］遷宮では内宮・外宮・別宮（べつぐう）14社の計65棟の建物が造替される。写真はイザナギノミコトの子で、風雨を司るシナツヒコノミコトとシナトベノミコトを祭る別宮・風日祈宮（かざひのみのみや）。まだ木の色も新しい。平成27年2月。
［右］第62回遷宮の木本祭（このもとさい）にて。正殿の床下に建てられる「心御柱（しんのみはしら）」の用材を伐採するにあたり、その木の本にいます神を祭る。神事には夜間に行われるものも多い。平成17年5月2日。

姿だった。

　神宮は古代においては神階《しんかい》（神さまの位）を受けず、近代社格制度でも制度の対象外とされるなど、常に別格の扱いを受けてきた。その地位はもちろん、祭神が皇祖神《こうそしん》アマテラスオオミカミであることに由来する天皇との特別な結び付きに根拠を持つ。であれば天皇の力が弱まることは神宮の危機となるが、まさにそうなった中近世において、今度は「おかげ参り」など庶民の信仰が神宮を支えたのだった。

　20年毎の式年遷宮は、8年の歳月と、550億円の巨費を要するという。その相当部分は、神社界を挙げての神宮大麻《じんぐうたいま》（お神札《ふだ》）の頒布により賄われる。神宮とは大きな一神社なのではなく、ほとんど神社神道というシステムそのものなのである。

［上］内宮は五十鈴川の清流のほとりに鎮座する。参道には通常の手水舎（てみずしゃ）もあるが、川べりにも御手洗場（みたらし）が設けられている。
［下］祭神が新正殿に移った後、旧正殿とその周囲は更地に戻される。正殿床下に建てられていた心御柱とその覆屋のみが残された。平成26年11月。

三重県

内宮＝三重県伊勢市宇治館町1　近鉄山田線他・宇治山田駅から車10分
外宮＝三重県伊勢市豊川町279　近鉄山田線、JR参宮線他・伊勢市駅から徒歩5分　☎0596-24-1111　HPあり

60年ぶりの遷宮で瑞々しく蘇った本殿

出雲大社

平成25年5月10日、祭神オオクニヌシノカミが、仮殿から造替が終わったばかりの本殿へ遷座した。写真はその前日、本殿を祓い清める「本殿清祓式（きよばらいしき）」の様子。国宝に指定されている現本殿は、延享元年（1744）の造営で高さ8丈（24メートル）。文献によればかつての本殿の高さは16丈（48メートル）に及んだとされるが、技術的に無理だと思われていた。ところが平成12年、鎌倉中期造営の本殿のものと思われる直径3メートルもある柱根（3本の杉丸太を束ねたもの）が次々と発掘され、俄然、現実性が高まった。

出雲大社《いづもおおやしろ》

国つ神の王オオクニヌシの宮は日本一の高層神殿

祭神　大国主大神《おおくにぬしのおおかみ》
社格　式内社（名神大）・出雲国一宮・官幣大社
文化財　国宝＝本殿、秋野鹿蒔絵手箱
重文＝楼門 他

拝殿前で拝礼する巫女たち。この注連縄の太さも大変なものだが、神楽殿の注連縄はもっと太い。出雲大社では何もかもが大きいのだ。ちなみに拝殿は昭和34年（1959）の再建で、設計は建築史家の福山敏男。

四重の垣に囲まれた伊勢神宮の正殿は、参拝者からは屋根の上端が辛うじて見えるだけだ。では、二重の垣に囲まれた出雲大社の本殿はといえば、建物の半分以上が見える。なぜか。とにかく建物が大きいからだ。

寺院の堂塔に比べ小ぶりな建築が多い神社本殿にあって、出雲大社本殿の規模、特に高さは群を抜くが、これは神話に理由がある。古事記によれば国譲りを迫るタケミカヅチノカミに対してオオクニヌシノカミは、天つ神の日《ひ》嗣《つぎ》の御子が住むような「大磐石の上に宮柱を太く建て、高天原に千木を高々とそびえさせた」宮に自らを祭るように要求。日本書紀では、高天原の総帥タカミムスビノミコトの方から、「柱は高く太く、板は広く厚く」した「天日隅宮《あまのひすみのみや》」の提供を申し出ている。巨大な神殿

［上］前見開きの本殿清祓式に引き続き行われた「大殿祭（おおとのほがい）」で、本殿より退下（たいげ）する神職。大殿祭では、本殿の末長い安泰が祈念された。
［下］本殿の遷座に先立ち、瑞垣内の摂社5社が順次に遷座した。これは平成25年4月24日に斎行された、東西の門神社（もんじんしゃ）の遷座の様子。神々の御動座は、規模の大小はさておき、浄闇の中、白い幕で目隠ししながら行われる点では共通。

は、国土経営を成し遂げた「天の下造らしし大神」（出雲国風土記におけるオオクニヌシの呼称）から、一方的に国を奪うことへの償いでもあった。

平成25年は、伊勢神宮の式年遷宮と出雲大社の60年ぶりの遷宮が同時に行われたことで注目が高まった。神宮とは異なり、建物全体の造替ではないが、屋根が葺き替えられ、破風板の飾り金具などが新調された本殿は、瑞々しい〝常若《とこわか》〟の表情を取り戻した。

出雲市大社町杵築東195　☎0853-53-3100　HPあり
一畑電車大社線・出雲大社前駅から徒歩7分

三輪山のふところに
抱かれた最古の社

大神神社《おおみわじんじゃ》

祭神　大物主大神《おおものぬしのおおかみ》
社格　式内社（名神大）・二十二社・大和国一宮・官幣大社
文化財　重文＝拝殿、摂社大直禰子神社社殿 他

大神神社には本殿がなく、拝殿奥の三ツ鳥居を通して、御神体である三輪山［左頁］を拝む。社殿出現以前の古い祭祀の名残りを思わせるこうしたスタイルや、のどかな周辺の風光につい忘れそうになるが、ヤマト王権誕生の時、一帯は日本の首都だった。現代の東京ならさしずめ明治神宮のごとく、大王《おおきみ》の宮《みあ》殿《らか》と一対をなす守護者として三輪山のカミは仰がれていたのだろう。日本書紀の崇神《すじん》天皇紀にある当社の祭祀に関わる説話については44頁からの岡田荘司氏の解説に譲る。この縁起譚はさておいても、境内とその周辺では5世紀、古墳時代中期からの祭祀遺跡の存在が確かめられている。

現在の大神神社は、蒼古とした雰囲気のうちにも庶民的な親しみやすさを感じさせる。拝殿そばの「巳《み》の神杉」の根元には、祭神オオモノヌシノオオカミの化身の蛇が住まうとされ、供物棚には蛇の好物である生卵がずらりと供えられている。また、

［上］拝殿は鎌倉時代の創建。現在の建物は、寛文4年（1664）、4代将軍・徳川家綱による再建で、正面9間の堂々たる構えだ。［下右］拝殿に吊られた直径1・5メートルの大杉玉。毎年11月14日の「酒まつり」の前日に、三輪山に生える杉（全て神木）の葉で作り替えられる。［下左］オオモノヌシの子、オオタタネコを祭る摂社・大直禰子（おおたたねこ）神社。かつての神宮寺・大御輪寺（だいごりんじ）であり、聖林寺（桜井市）の国宝《十一面観音菩薩立像》は神仏分離まではここの本尊だった。

桜井市三輪1422　☎0744-42-6633　HPあり
JR桜井線・三輪駅から徒歩5分

奈良県

酒造の神さまということで拝殿の軒下には特大の杉玉が吊るされている［右頁下右］。なにしろ、「三輪」の枕詞は「味酒《うまさけ》」なのだ。こうした庶民信仰がいつの時点からのものなのかはともかく、それが上代の伝説・文化に裏打ちされている点、まさに〝最古の社〟ならではだろう。

夕映えの三輪山。神体山には富士山や立山のような高峰もあるにはあるが、むしろこの三輪山のように標高はさほど高からず（467メートル）、穏やかで整った姿をしている場合が多い。太古からの風景かと錯覚しそうなほど馴染んでいる大鳥居は、昭和61年（1986）の竣工。高さは32.2メートル。

「海の正倉院」からもたらされた祭祀遺物をじっくり鑑賞しよう

宗像大社《むなかたたいしゃ》

祭神　沖津宮　田心姫神《たごりひめのかみ》
中津宮　湍津姫神《たぎつひめのかみ》
辺津宮　市杵島姫神《いちきしまひめのかみ》
社格　式内社（名神大）・官幣大社
文化財　国宝＝沖津宮祭祀遺跡出土品
重文＝辺津宮本殿、同拝殿 他

宗像大社の祭神タゴリヒメ、タギツヒメ、イチキシマヒメは、アマテラスオオミカミの娘。「道の中に降り天孫を助けよ」との神勅を得て宗像の地に降臨、各々玄界灘の孤島・沖ノ島［左頁上］の沖津《おきつ》宮《ぐう》、九州沿岸から11キロの大島にある中津《なかつ》宮《ぐう》、九州本土の辺津《へつ》宮《ぐう》［右2点］に祭られる。

3つの宮は朝鮮半島へのルート上にほぼ一直線に並び、古代から海の交通を護ってきた。島そのものが御神体でもある沖ノ島には辺津宮から10日置きに交代で神職1名が奉仕し、一般人が参拝できるのは現地大祭の5月27日だけ（人数限定で選定）。女人禁制や、上陸する前は全裸になり、海中で禊を行うなど厳格な掟が存在する。こうして厳しく護られてきた島における厚い信仰の歴史は、戦後の調査で明らかになった8万点に及

［上］宗像大社・辺津宮の高宮（たかみや）祭場。アマテラスオオミカミの命で三女神が降り立った場所とされる。毎月1日と15日に月次祭（つきなみさい）が行われている。
［下］辺津宮の本殿は、五間社流造（ながれづくり）で屋根は杮葺（こけらぶき）。天正6年（1578）に大宮司・宗像氏貞（うじさだ）が再建したもので、桃山時代初期の様式をとどめている。

ぶ奉献品［左頁下3点］からも、多数の古代祭祀の遺跡［47頁］からも、想像できる。2つの島と3つの宮、辺津宮そばの古墳群、さらに沖ノ島渡島の際に鳥居の役割を果たす3つの岩礁とを併せて、平成29年、世界遺産に登録されることはほぼ確実。

総社である辺津宮では三女神に参拝できるし、漁師の島として知られる大島へは辺津宮そばの神湊《こうのみな》港《とこう》からフェリーで25分。日帰りで参拝可能です。

九州本土沿岸から約60キロ、玄界灘の荒海に浮かぶ沖ノ島には数百年にわたる古代祭祀の遺跡が残り、「海の正倉院」とも呼ばれる。福岡藩主・黒田長政がこの島から神宝——下の金銅製高機（たかはた）だったとの説あり——を持ち出させ城内に保管したところ、怪事が頻発したため島に戻したなんて話も。

沖ノ島から出土した4〜9世紀の遺物は、一括して国宝指定を受けている。掲出した3点は、全て辺津宮の神宝館に常設展示されている。
［上右］実際に布が織れるミニチュアの金銅製高機。8〜9世紀　長48cm
［上左］唐三彩の影響を受けて日本で焼かれた奈良三彩小壺。8〜9世紀　高4.7cm
［下］純金製の指輪。5世紀頃　径1.8cm
全て宗像大社蔵

福岡県
辺津宮=宗像市田島2331　☎0940-62-1311　HPあり
JR鹿児島本線・東郷駅から車10分

地震鯰を鎮める要石も
お見逃しなく

鹿島神宮《かしまじんぐう》

祭神　武甕槌大神《たけみかづちのおおかみ》
社格　式内社(名神大)・常陸国一宮・官幣大社
文化財　国宝＝直刀 黒漆平文大刀拵 (附 刀唐櫃)
重文＝本殿、石の間、拝殿、幣殿 他

東国随一の古社である。祭神は、国譲りの神話で活躍するタケミカヅチノオオカミ。まつろわぬ蝦夷の地に睨みをきかせる〝武の神〟として重んじられ、歴代の武家政権からも崇敬されてきた。12年に1度、午年に行なわれる御船《みふね》祭は、日本最古にして、内海では最大の水上祭。100艘以上の船が水上を行軍し、圧巻の光景が繰り広げられる［上］。

境内では、社殿（徳川秀忠造営）はもとよりとして、霊石「要石《かなめいし》」も見逃せない。境内の東側に位置し、地上部分は直径30センチほどに見えるが、地中に埋まっている部分が巨大で、香取神宮の要石と共に、大鯰の頭と尾を抑えつけて地震を防いでいるとされる。かの水戸光圀が掘らせてみたが、7日7晩かけても掘り出せずに断念した、との伝説が残っている。東日本大震災では、石造りの大鳥居が根元から倒壊する被害が出たが、ケガ人はなし。その後、境内の巨大な杉によって再建された。

国宝の《直刀》は、刃長2・23メートルで日本最大。実物大レプリカが宝物館に展示されている。

［上］御船祭は、12年に1度行われる内海最大の水上祭。写真は平成26年の光景だ。船の数は、なんと120艘近くにも上る。中央の龍頭の船が神輿の御座船である。［下］参道より楼門を望む。日本三大楼門の1つで、寛永11年（1634）、初代水戸藩主・徳川頼房により奉納された。

鹿嶋市宮中2306-1　☎0299-82-1209　HPあり
JR鹿島線・鹿島神宮駅から徒歩10分

茨城県

徳川綱吉造営の社殿は豪華黒漆塗りの「権現造」

香取神宮《かとりじんぐう》

祭神　経津主大神《ふつぬしのおおかみ》
社格　式内社(名神大)・下総国一宮・官幣大社
文化財　国宝＝海獣葡萄鏡
重文＝本殿、楼門 他

春には700本もの桜が咲き誇る香取神宮。ここは鹿島神宮とは一対をなすと言えるほどに深い関係にある。古代の関東北部は、現在の霞ヶ浦よりもさらに大きな内海が広がっており、鹿島と香取がその内海の南北に位置していたという。蝦夷地への出発港であった鹿島に対し、香取は内海沿岸の海人たちを護る社であったと考えられている。香取神宮の祭神は、フツヌシノオオカミ。タケミカヅチと共に出雲の国に派遣された神さまである。その後も武神として信仰され続け、道場に「鹿島大明神」「香取大明神」の2つの掛け軸が掲げられているのは、歴史ドラマでもよく見られる光景だ。

鹿島神宮で御船祭が行なわれる午年には、香取神宮でも式年の神幸《じんこう》祭が開催される［下］。春の神幸祭と秋の御船祭、これらもいわば一対で、それぞれのハイライトとなるのが、水上での御迎《おむかえ》祭。他方の神社が御迎えの船を出し、鹿島のタケミカヅチと香取のフツヌシは、12年に1度、春と秋に出会うのだ。次回は2026年の予定。

[上] おもな社殿は、元禄13年（1700）に、徳川綱吉の命で造営された。写真は拝殿で、昭和11年（1936）からの修築により現在の姿に。[下] 1年に1回、香取の祭神が里に下りる神幸祭。平成26年は、12年ぶりの式年神幸祭が2日がかりで盛大にとり行われた。

千葉県
香取市香取1697　☎0478-57-3211　HPあり
JR成田線・佐原駅から車10分

屋根に菖蒲を乗せて祝う端午の節供

春日大社

本殿を囲む御廊（おろう）に入ると、剣先状の瑞垣の向こうに4棟の本殿の屋根の連なりが仰がれた（右奥から第一殿、第二殿……の順）。御廊は、神仏習合時代には、興福寺の僧たちが神々の法楽（ほうらく）のために読経する場だった。式年造替で檜皮を葺替え、彩色を塗り替えたばかりの屋根に乗るのは一束の菖蒲と蓬。この日は端午節供祭（たんごのせっくさい）に当たり、境内のありとあらゆる建物の屋根に菖蒲と蓬が置かれていた。

広大な境内に
神の使いの鹿が遊ぶ
古都奈良の大社

春日大社《かすがたいしゃ》

祭神　第一殿　武甕槌命《たけみかづちのみこと》
第二殿　経津主命《ふつぬしのみこと》
第三殿　天児屋根命《あめのこやねのみこと》
第四殿　比売神《ひめがみ》

創建　神護景雲2年（768）

社格　式内社（名神大）・
二十二社・官幣大社

文化財　国宝＝本社本殿4棟、
赤糸威鎧（兜、大袖付）他
重文＝摂社 若宮神社本殿、
古神宝銅鏡16面、
秋草蒔絵手箱 他

本書は8章立てで、春日大社は古代以来の祭祀を伝える古社として第1章にエントリーするが、じつはそれ以外のほとんどの章にも登場する資格がある。例えば4柱の祭神のうちタケミカヅチ、フツヌシ、アメノコヤネの3柱は天岩戸・国譲り・天孫降臨などの場面で活躍する記紀神話の神さまだ（第2章）。本殿は春日造《かすがづくり》の規範となる名建築で国宝

［上右］春日大社には平安期以降の灯籠が3000基ほども伝わる。中門のすぐ脇に有名人奉納のものが取り集めてあった。これは藤堂高虎が「大御所様の為」ということで奉納したもの。［上左］石灯籠も格別に多い。平安時代から現代のものまで約2000基にもなるという。デザインはさまざまある中に、神使である鹿の姿を彫ったものがさすがにかなりの数を占める。［下］興福寺の境内との境界だった場所に立つ一之鳥居は、寛永11年（1638）の再建。参道はここからまっすぐ奈良国立博物館の南側を抜けてゆく。

（第3章）。仏教との関係では、藤原氏の氏神・氏寺として興福寺と一体の間柄だった（第4章）。鹿島神宮（28頁）のタケミカヅチノミコトを御《み》蓋山《かさやま》の浮雲峰《うきぐものみね》に奉遷したのが当社の起こりで、この山は今も遥拝の対象である（第6章）。そして、本殿をさておいても、所蔵の工芸品13件352点が国宝なのだ（第7章）。

この8章に漏れている重要事項は、祭り・芸能だろう。当社の祭典はなんと年間2200回に及ぶと言い、三大勅祭に数えられる春日祭《かすがさい》（他は賀茂祭と石清水祭）や冬の風物詩として知られる春日若宮おん祭《まつり》をはじめ、神楽や舞楽など芸能の宝庫となっている。

当社は20年毎の式年造替を終えたばかりだ。幕末までは伊勢神宮と同様、本殿を全く建て替えていたが、明治以後は屋根の葺替えと彩色の塗り直しなどにとどめている。ただし、素木造《しらきづくり》の出雲大社と異なり、塗装が新しくなるため、見た目は新築同然である。今回が第60次で、移殿《うつしどの》から本殿に神座が戻る正遷宮《しょうせんぐう》は平成28年11月6日に斎行された。

［上］端午節供祭の神事に奉仕する神職たちが、その名もゆかしい「林檎の庭」を横切り、仮殿である左手の移殿の方へ上がってゆく。本殿は正面の中門の奥だが、今そちらに神はいらっしゃらない。［下］神事に引き続いて舞楽が奉納された。曲は「蘇莫者（そまくしゃ）」。唐冠（とうかん）を被った御笛役が奏する龍笛（りゅうてき）に合わせて、金色の猿面を付けた山神が舞う。平成28年が申年であるのにちなんだ選曲とのこと。

奈良県

奈良市春日野町160　☎0742-22-7788　HPあり
近鉄奈良線・近鉄奈良駅から車7分

航海の守り神にして和歌の神

住吉大社《すみよしたいしゃ》

祭神　第一本宮　底筒男命《そこつつのおのみこと》
第二本宮　中筒男命《なかつつのおのみこと》
第三本宮　表筒男命《うわつつのおのみこと》
第四本宮　神功皇后《じんぐうこうごう》

創建　神功皇后摂政11年（211）

社格　式内社（名神大）・二十二社・摂津国一宮・官幣大社

文化財　国宝＝本宮本殿４棟
重文＝本宮渡殿・幣殿４棟 他

源氏物語には、伊勢の斎宮も賀茂の斎院も印象深く登場するが、ストーリーの根幹に影響を与えているのはじつは住吉の神だ。須磨から都への光源氏の帰還、皇統が明石入道の血脈に移ったこと、いずれも住吉の神意が働いている。その神託はしばしば和歌の形をとり、ために平安中期以降は和歌の神としても重んじられるようになった。

上代へ遡るとしかし、この神はやや異なる相貌を現わす。航路守護と軍事の神として、王権の命綱を握る国家神だったのだ。〈青丹《あおに》よし　平城《なら》の都ゆ　押し照る　難波《なにわ》に下り　住吉《すみのえ》の　御津《みつ》に船乗り〉とは万葉集に載る「天平五年に入唐使《にっとうし》に贈る歌」の一節。遣唐使もそれ以前の大陸への使臣も、当社のすぐそばにあった港から、住吉の大神の加護を祈りつつ進発した。神功皇后の伝説的な三韓《さんかん》征伐もこの神の託宣に従ったものであり、当社や下関の住吉神社［95頁］など最古の住吉神社（分社は全国に２０００余りある）の祭祀は、これまた神功皇后に対する託宣によって始まったのである。

［右］4つの本宮は、写真左奥の第一本宮から第二、第三と直列し、第四本宮は第三本宮の向かって右に並ぶ。独特のL字型の配置である。［左］住吉大社の第三本宮（右）と第四本宮の背面。屋根に全く反りがない古様なデザインは「住吉造」と呼ばれる（113頁参照）。現在の建物は文化7年（1810）の竣工。

大阪府

大阪市住吉区住吉2-9-89　☎06-6672-0753　HPあり
南海本線・住吉大社駅から徒歩3分

神社に反橋はよくあるが、住吉大社のシンボルともなっているこちらはさすがに大きい。かつては、このすぐそばまで海が迫っていたという。石製の橋脚は慶長年間、淀殿の奉納と伝えられる。

神仏習合、ここに始まる

宇佐神宮

南中楼門（みなみちゅうろうもん）［38頁］と廻廊で囲まれた中に、3棟の本殿が横に並ぶ。左頁のM字型屋根の建物が一之御殿（祭神=八幡大神）で、向かって右へ二之御殿（比売大神）、三之御殿（神功皇后）と続く。一之御殿の創建が神亀2年（725）で、二之御殿、三之御殿はそれに遅れる。現在の建物は安政6年（1859）〜文久元年（1861）の再建。「八幡造（はちまんづくり）」と呼ばれるこの形式は、屋根の中央に谷を作るという、雨仕舞いの点で極めてリスキーな構造のため、立派な金色の雨樋で対処している。国宝。148頁参照。

謎多き八幡神の総本宮

宇佐神宮《うさじんぐう》

祭神　一之御殿　八幡大神《はちまんおおかみ》（応神天皇《おうじんてんのう》）
　　　二之御殿　比売大神《ひめおおかみ》
　　　三之御殿　神功皇后《じんぐうこうごう》
創建　欽明天皇32年（571）
社格　式内社（名神大）・豊前国一宮・官幣大社
文化財　国宝＝本殿3棟、孔雀文磬／重文＝木造神像5軀 他

神々のありようはそもそも人知を超えるが、宇佐の八幡神がことさら謎めいた神と言われることが多いのはなぜか。記紀に登場せず、朝鮮系の渡来神だった可能性もある一地方神が、神仏習合という前近代における主流的な信仰形態を先導する存在となり、伊勢に次ぐ皇祖神として重んじられるに到る――そのダイナミックな展開が、他に類を見ないものだからに違いない。

養老4年（720）、南九州の隼人《はやと》が反乱を起こし、八幡神はその鎮圧

中世には九州最大の荘園領主だった宇佐神宮の神域は広大で建物は立派。写真は南中楼門で、一般の参拝者はこちらでお参り。

当宮は、延喜式には八幡大菩薩宇佐宮（うさのみや）、比売神社（ひめかみやしろ）、大帯姫廟神社の3社併記で載る。この順で祭神が増え、いわゆる八幡三神となったようだ。ただし、全ての八幡宮で一致する祭神は応神天皇だけで、他の2柱には異同も。写真は南中楼門（右頁）を入ったところにある申殿（もうしどの）。奥は二之御殿。

に神威を揮う。と同時に、殺生を悔いて仏教に救済を求め、生命を慈しむ放生会《ほうじょうえ》を創始させる。決定的だったのは、聖武天皇の大仏建立の発願《ほつがん》（天平12年／740）に対して、「神たる私が天神《あまつかみ》・地祇《くにつかみ》を率い誘《いざな》って必ず成功させる」といち早く支援を表明したことで、八幡神に対する官の信頼は絶大なものとなる。天平13年には政府により三重塔が造営され、その後、荘厳な伽藍が整えられてゆく。日本初の神宮寺《じんぐうじ》（神社と一体の寺）、弥勒寺《みろくじ》である。

八幡神はやがて応神天皇と同一視され、皇祖神の性格を帯びる。弘仁14年（823）に同天皇の生母・神功皇后を祭る三之御殿が大帯姫廟《おおたらしひめの》神社として創建されているのでそれ以前からのこととなろうが、理由はそれこそ謎。

大分県

宇佐市大字南宇佐2859　☎0978-37-0001　HPあり
JR日豊本線・宇佐駅から車10分

伊勢に次ぐ「国家第二の宗廟」は男山の頂きに

石清水八幡宮《いわしみずはちまんぐう》

祭神　中御前　応神天皇《おうじんてんのう》
　　　西御前　比咩大神《ひめおおかみ》
　　　東御前　神功皇后《じんぐうこうごう》
創建　貞観2年（860）
社格　二十二社・官幣大社
文化財　国宝＝本社社殿10棟
　　　重文＝摂社　若宮社本殿 他

宇佐と石清水の祭神は同じだが違う。というのは宇佐では八幡大神＝応神天皇だが、石清水では応神天皇は応神天皇で、八幡大神は3柱の祭神の総称なのだ。——といった異同はあるが、石清水八幡宮は宇佐からの勧請により成立した。貞観元年（859）、宇佐に参詣した南都・大安寺《だいあんじ》の僧・行教《ぎょうきょう》が都へ帰ろうとした日、「都の近くに移座《いざ》し、国家を鎮護せん」との託宣を得る。そして都近くに来た時再び、「移座すべきは石清水男山《おとこやま》の峯なり」とのお告げ。行教は指定の場所に仮殿を設けると共に、事の次第を朝廷に奏上。木《も》工寮《くりょう》（建築・土木担当の役所）の手で翌年までに社殿が建立された。

かくて創建された石清水八幡宮は、程なく「石清水の皇大神」「皇大神は我朝の大祖」といった評価を受け、延喜16年（916）には賀茂社を抜いて伊勢に次ぐ社格を得る。応神天皇・神功皇后との習合により、八幡

現在の社殿群は寛永11年（1634）、徳川家光による造営である。本殿は古代の様式を維持しつつ、写真の楼門などには近世風の装飾意匠も。平成28年2月、国宝に指定されたばかり。

瓦葺の回廊に囲まれた奥の檜皮葺が本殿の屋根。宇佐と同じく八幡造だが、宇佐では正面3間×3棟なのに対して、石清水では3棟を連結して正面11間の長大な1つの建物とする（接合部2カ所で各1間を加算）。僧侶によって勧請、創建された当宮は、宇佐以上に仏教主導の体制を取り、神宮寺の護国寺と一体で繁栄した。鎮座する男山（標高143メートル）は、現在では頂上に社殿群がある他は全山が森に帰っているが、近世以前は男山四十八坊と総称される僧坊多数がひしめいていた。

神が皇祖神とみなされていたにせよ、全てが順調すぎる感じだが、行教のバックには摂政・藤原良房《よしふさ》がいて、自らが強引に即位させた幼い清和天皇（良房の外孫）を守護すべく八幡神を都近くに勧請させたとの説もあり、なるほどと納得。どちらにせよ宮廷人たちの八幡神に対する仰望があればこその話である。

京都府

八幡市八幡高坊30　☎075-981-3001　HPあり
京阪本線・八幡市駅から男山ケーブル「男山山上」下車、徒歩5分

通称は上賀茂神社、その社殿は「流造」の代表格

賀茂別雷神社《かもわけいかづちじんじゃ》

祭神 賀茂別雷大神《かもわけいかづちのおおかみ》
社格 式内社(名神大)・二十二社・山城国一宮・官幣大社
文化財 国宝＝本殿、権殿／重文＝拝殿(細殿)、舞殿(橋殿)他

葵祭の名で親しまれている賀茂《かも》祭《さい》は王朝風の行列で有名だし、優美なイメージが強いが、かつては朝廷が問題視するくらい荒々しい祭りだった。まだ大和に都があった時代に山城国内外から人々が群集し、騎射に興じるのを禁ずる法令が何度も出されているのだ。それほど人々を惹きつけ、熱狂させる祭りであり社であったからこそ、平安遷都後は皇城の守護神として最も重んじられることとなる。京都中心部から鴨川を5、6キロ遡った地点に位置する境内は広々として、北に迫る山々の気配が近い。中世には衰微、荒廃したが、江戸時代に入った寛永5年（1628）に多くの社殿が再建された。平安盛期の姿をかなり忠実に復元し得ているという。国宝の本殿・権殿《ごんでん》は文久3年（1863）の造替[下]。神社建築のオーソドックス、流造《ながれづくり》の代表的な建物とされるが、古式のデザインを保持してむしろ個性的な点も多いとか。

手前の階（きざはし）の建物が本殿、奥の階の建物が権殿。両者、さらに言えば下鴨神社の2棟の本殿もほぼ同形同大だ。ところで下鴨は2柱の祭神に2棟の本殿でよいとして、上賀茂の祭神は1柱なのに建物は2つ。よって1棟には普段は神が居ない。そちらの建物を権殿と呼ぶわけである。

京都市北区上賀茂本山339　☎075-781-0011　HPあり
地下鉄烏丸線・北大路駅から車10分

通称は下鴨神社、
鴨長明から谷崎まで文人たちが愛した糺の森に

賀茂御祖神社《かもみおやじんじゃ》

祭神　西殿　賀茂建角身命《かもたけつぬみのみこと》
　　　　東殿　玉依媛命《たまよりひめのみこと》
社格　式内社（名神大）・二十二社・山城国一宮・官幣大社
文化財　国宝＝西本殿、東本殿／重文＝楼門、東西廊 他

毎年1月4日には、「蹴鞠初め（けまりはじめ）」が古式ゆかしく行われる。後ろの楼門、左に見えている舞殿（まいどの）はいずれも江戸初期、寛永5年（1628）の再建。

古代豪族・鴨《かも》氏の祖カモタケツヌミノミコトとその娘タマヨリヒメノミコトを祭るのが下鴨神社。山城国風土記逸文《いつぶん》は、タマヨリヒメが川で拾った丹《に》塗矢《ぬりや》によって懐妊し、上賀茂神社の祭神カモワケイカヅチノミコトを出産した、との神話を伝える。祖父・娘・孫の関係にある3神を祭る両者を賀茂社と総称する。

下鴨神社が鎮座する、鴨川と高野川に挟まれた「糺《ただす》の森」は、古くより「偽り、過ちを正す森」として信仰されてきた。「源氏物語」や「枕草子」にも多く登場し、平安の昔より愛されてきた森である。下鴨神社は、上賀茂神社同様、江戸期に復興・整備された。東西本殿が国宝で、重文の建物は53棟に及ぶ。摂社・河合神社には、賀茂社の社家出身である鴨長明のかの方丈が復元されており一見の価値あり。

京都市左京区下鴨泉川町59　☎075-781-0010　HPあり
京阪本線他・出町柳駅から徒歩12分

神社のはじまり

Q&A 1

解説　岡田莊司

平成28年5月5日に斎行された春日大社の端午節供祭の神事で、神饌を伝供（でんく）する神職たち。伝供とは、複数の神職が神饌をリレー式に手渡して、神前に捧げる作法を言う。献饌こそが、昔も今も祭りの核心である。

Q 神社の歴史は、いつどのように始まったのでしょうか？

　縄文時代の土偶、弥生時代の銅鐸を用いた祭祀は別にして、現在の神社神道までつながるような祭祀が行われていたとはっきりわかるのは4世紀後半、古墳時代中期以降のことです。さまざまな祭祀の痕跡が見つかっていますが、基本的には社殿のようなものは無く、磐座《いわくら》（神聖視された岩）や神籬《ひもろぎ》（仮設される神の依り代。最近、神を祭る区画を指していると見る説が出されている）のもとで神を祭っていた時期が長かったと考えられています。

　祭祀が行われたロケーションは、山と里の境、神の世界と人の世界の境界線にあたる場所。そこに最高のお食事を持って行って神さまをもてなしました。現在でも神饌《しんせん》を捧げるのが神事の核心ですが、その源流ですね。しかしそれが我々がイメージするような神社へと発展してゆく具体的なプロセスは、必ずしもよくわかっていません。
　例えば日本書紀によれば、天照大神が現在の伊勢神宮［16〜19頁］の地に鎮座したのは垂仁天皇25年のこととされます。これを機械的に西暦にあてはめると紀元前5年ですが、もちろん考古学的に確認されているわけではありません。一方、神宮の最初の遷宮は持統天皇4年（690）のことでした（内宮のみ。外宮はその2年後）。私はかつてこの第1回遷宮がすなわち神宮の立派な現在の神殿配置に近い社殿創建を意味するのではないかと思っていましたが、それよりは40年ほど前、孝徳朝まで遡る可能性があると今は考えています。とはいえ、遷宮開始以前の神宮の様子を実証的に語ることは不可能に近い。

大神神社の末社・久延彦（くえひこ）神社の遥拝所から、神体山である三輪山を拝する。

　現存する神社に繋がる古い祭祀の遺構が最も詳しく調査されているのは、宗像大社［26〜27頁］と大神神社［24〜25頁］です。
　宗像大社の沖津《おきつ》宮《ぐう》が鎮座する沖ノ島［27頁上］では、3次にわたる調査により、古墳時代中期の4世紀後半から平安時代前期の10世紀初頭にかけての祭祀遺構が確認され、膨大な数の遺物が採取されました。沖ノ島は九州本土から約60キロ、玄界灘に浮かぶ絶海の孤島です。東西約1キロ、南北500メートルほどのこの小島で、岩上《がんじょう》祭祀、岩陰《いわかげ》祭祀、半岩陰半露天祭祀、露天祭祀というふうに、場所と内容を少しずつ変えながら、550年もの間、祭祀が続けられました［47頁］。
　大神神社の方は、拝殿奥の禁足地《きんそくち》をはじめ、鎮座する三輪山［上／25頁］の西麓一帯に5〜7世紀の祭祀遺跡が多く残っています。同社では現在、近世に建てられた拝殿越しに御神体の三輪山を拝みますが、かつては山中や山麓の磐座で祭祀を営んでいたのです。

Q

宗像大社や大神神社の祭神は古事記・日本書紀にも登場する有名な神さまですね。そうした神話も祭祀と同様に古墳時代まで遡れるのでしょうか？

　記紀が書物の形に纏められるのは8世紀初頭ですが、そこで語られる神話

古代の最有力神社と神郡

地図：
atelier PLAN

青字 孝徳天皇時代に神郡が設置された神社と、宮都を守護する2社（神郡はない）

赤字 平城京、平安京へと都が遷る中で急速に地位を上昇させた神社

宗像神社
むなかたじんじゃ
筑前国宗像郡
現・宗像大社

天照大神から天孫を助けることを命じられた宗像三女神が、中国・朝鮮への航路を守る。三女神のうちのタゴリヒメはオオクニヌシの妻であり、出雲とも繋がっている。

熊野坐神社 くまのにいますじんじゃ
杵築大社 きづきのおおやしろ
出雲国意宇郡　現・熊野大社／出雲大社

出雲神話の主神、スサノオノミコト（熊野）とオオクニヌシノカミ（杵築）を祭る。出雲はかつては大和に拮抗する程の大勢力が存在した地であり、朝鮮半島への窓口でもあった。なお、杵築大社の鎮座地は出雲郡であるが、出雲国造の出身地である意宇郡が両社の神郡となる。

賀茂社 かもしゃ
現・賀茂別雷神社／賀茂御祖神社

難波長柄豊碕宮
（孝徳天皇の宮都）

八幡宇佐宮
はちまんうさぐう
現・宇佐神宮

石清水八幡宮
いわしみずはちまんぐう

鹿島神宮
かしまじんぐう
常陸国鹿島郡

香取神宮
かとりじんぐう
下総国香取郡

オオクニヌシノカミからの国譲りを成功させた武神タケミカヅチノカミ（鹿島）とフツヌシノカミ（香取）を祭る。周囲は祭祀を司る中臣《なかとみ》氏の勢力圏であり、いまだ服属しない蝦夷に対峙する要地であった。

日前神社／國懸神社
ひのくまじんじゃ／くにかかすじんじゃ
紀伊国名草郡
現・日前神宮／國懸神宮

天照大神を天岩戸から誘い出す働きをした八咫鏡《やたのかがみ》のプロトタイプである日像鏡《ひがたのかがみ》（日前）と日矛鏡《ひぼこのかがみ》（國懸）を御神体とする。有力豪族・紀氏の根拠地であり、住吉の神と共に瀬戸内海の出入口を押さえる。

伊勢大神宮
いせだいじんぐう
伊勢国度会郡・多気郡
現・神宮（伊勢神宮）

日本神話の最高神にして皇祖神である天照大神を祭る。伊勢は東国経営の基地でもあった。

住吉神社 すみよしじんじゃ
現・住吉大社

大阪湾に面して、海神である住吉三神（ソコツツノオノミコト、ナカツツノオノミコト、ウワツツノオノミコト）を祭る。瀬戸内海航路の起点。

大神神社
おおみわじんじゃ

大王家（＝天皇家）の根拠地である奈良盆地東南部の土地神で、オオクニヌシノカミと同体とされるオオモノヌシノカミを祭る。

安房坐神社
あわにいますじんじゃ
安房国安房郡　現・安房神社

天孫降臨につき従ったフトタマノミコトを祭る。安房は海路からの東国への入口であり、祭祀を司る忌部《いんべ》氏の勢力圏でもあった。

がいつ成立したのか、登場する神々が各地に祭られ、それらの土地を天皇が支配するという考えがどのように受け入れられてゆくのか、そこに神社がどうかかわるのか、そういったあたりはこちらとしても一番知りたいところです。しかし、なかなか証明はつきませんね。

手がかりとしては例えば、熊本県の江田《えた》船山《ふなやま》古墳と埼玉県の稲荷山《いなりやま》古墳から出土した鉄刀・鉄剣の銘文があります。共に、ワカタケル大王（＝雄略天皇）が「天下を治めた」旨を記しており、5世紀後半の段階で、九州から関東にかけての広大な地域がヤマト王権によって平定され、「天下」という意識も誕生していたことがわかります。とすると、天上世界から降臨した神の子孫が王として地上世界を統治するという、記紀神話の核となる部分についてはすでにその原型のようなものはあったのかもしれません。

沖ノ島の祭祀遺跡は、場所の違いにより4つに分類されている。遺跡調査は3次にわたったが、全ての遺物が採取されたわけでもないのはご覧の通りだ。
[上]岩上祭祀が最も古く(4世紀後半〜5世紀)、ついで岩陰祭祀(5世紀後半〜7世紀)へ移行。写真の半岩陰半露天祭祀はそれに続く7世紀後半〜8世紀前半に行われた。[下]露天祭祀は8〜10世紀初頭に行われ、やがて沖ノ島での神事自体が一旦は断絶する。

Q なぜ、磐座や神籬の祭祀では済まずに、社殿を設けるようになったのでしょうか？

大神神社から程近い纒向《まきむく》遺跡では、近年重要な発見が相次いでおり、ヤマト朝廷の最初の都ではないか、邪馬台国の王都なのではないかなどと言われていますね。ここでは王宮の建物内で祭祀が行われていた可能性があるようです。

文献の方から見ても、魏志倭人伝の卑弥呼は、鬼道《きどう》（祭りや占い）をよくして、かつ女王になってからは宮殿にこもったまま人と会わなかったわけですから、祭祀は宮殿内で行っていたことになります。また、日本書紀によれば崇神《すじん》天皇は〈天照大神・倭大国魂《やまとのおほくにたま》、二《ふたはしら》の神を、天皇《すめらみこと》の大殿《みあらか》の内に〉一緒に祭っていたものの、〈其の神の勢《みいきほひ》を畏《おそ》りて、共に住みたまふに安からず〉という状態になってしまう。天皇はやむなく両神の祭祀を2人の皇女に託し、宮殿の外で別々に祭らせています。

王の祖先神・守護神を祭るような王宮内における祭祀と、磐座でその土地の神を祭る祭祀とがある段階でドッキングすることで、神のための宮殿＝社殿が作られるようになった、一応そんな推測は成り立つでしょう。

Q それが伊勢神宮の場合であれば7世紀だったということですね？

伊勢に限らず、社殿の創建という点では7世紀がひとつの画期と考えられます。「10月14日の夜、大地震があった。国中で人々が叫び、逃げ惑った。諸国の郡《こおり》の官舎、人民の家々や倉庫、寺や神社で損壊したものは数えきれないほどだった」――これは日本書紀の天武天皇13年（684）の条にある、白鳳大地震の記録です。南海トラフ沿いの巨大地震で、四国から紀伊半島、伊豆大島にいたる広い地域で被害が発生しました。この記述からすると、社殿を建てることがすでにある程度行われるようになっていたのでしょう。

これに先立つ記録としては日本書紀斉明天皇5年（659）の条に、「出雲《いづもの》国造《くにのみやつこ》に命じて神の宮を造らせた」とあります。この「神の宮」は杵築大《きづきのおお》社《やしろ》すなわち出雲大社［20～23頁］を指しています。また常陸国風土記の「香島《かしま》の郡《こおり》」の条には、天智天皇の近江朝時代（667～671）に「初めて使いを遣わして、神の宮を造らせた」とある。こちらは鹿島神宮［28頁］の社殿創建に他なりません。

Q 斉明、天智、天武、持統――神社は律令国家と並行して生まれたということですか？

律令国家の成立がイコール古代の神社制度の確立と言っていいでしょう。斉明天皇の前代、孝徳天皇の治世下、その指標となるような出来事がありました。大化の改新の一環としてなされた神郡《しんぐん》の設置です。律令制では全国を66カ国（増減あり）に分け、国の下に郡《こおり》（大宝律令以前は「評」と書いた）を置いて支配の単位としましたが、最重要の神社については、その経済基盤をなす郡を特設しています。46頁の地図が、それら有力神社と神郡の一覧です（但し、住吉神社・大神神社は宮都に直結しているため、神郡は設置されていない）。

律令国家の目標は、天皇とその政府が全国を一元支配する中央集権システムの構築です。各地の神々の祭祀についても一元化して、神話の体系の中に位置付けようとする。その時に核となることを期待されたのが、現在でも有名なこれらの神社だと考えられます。各神社についての説明は地図の方に譲るとして、こうして見ると記紀神話で重要な役割を果たした神々が、東西軸に沿ってバランスよく配置されていることがわかります。

Q それらを天皇がお祭りするのですね？

いえ、そうではないのです。先程も見た日本書紀の崇神天皇紀に次のようなエピソードがあります。

――疫病が続いた。そこで崇神天皇7年の春、どの神の咎めなのかを知るために占いをしたところ、皇族のヤマトトトビモモソヒメノミコトが神憑りして、「私を敬い祭れば必ず平穏になるだろう」と託宣した。神の名はオオモノヌシノカミであった。そこで天皇は、宮殿の中を清らかに整えて一心に祈り、「私は全身全霊で敬っているのに、なぜご納得いただけないのでしょう」と申し上げた。その夜の夢にオオモノヌシノカミが現われ、「私の息子オオタタネコに私を祭らせれば、たちどころに平安が訪れ、異国も帰服するだろう」と仰られた。そこでオオタタネコを探し出してオオモノヌシノカミを祭らせると、疫病が止んで、世の中はようやく静まった。――大神神社の縁起譚であり、同社には今も摂社として大《おお》直禰子《たたねこ》神社〔24頁下左〕が存在します。

Q 天皇が祭ったからといって神は必ずしも喜ばないということでしょうか？

天皇自身が祭るのは基本的には皇祖神である天照大神だけであって、それ以外の神々の祭祀は、従来その神を祭ってきたそれぞれの氏族、それぞれの土地の人たちに委ねられたのです。律令政府が目指したのは、神祇官《じんぎかん》（祭祀を担当する中央の役所）や国司（地方行政府）を通じた奉幣《ほうへい》（反物などの捧げ物をすること）によってそれらの祭祀をバックアップし、間接的にコントロールすることでした。しかも、天照大神にしても、かつては宮殿内にお祭りしていたのを神の威力に耐えかねて外に出したというのが日本書紀の説明です。天皇も宮中で天照大神を祭りはするものの、宮中にあるのは代用の鏡であって、鎮座するのはあくまで伊勢の神宮。神宮でのお祭りには使いを出すだけで天皇が出かけてゆくことはありません。天皇自身による伊勢神宮参拝は、明治2年（1869）3月、明治天皇が京都から東京へ行く途中で立ち寄ったのが史上初めてのことでした。

Q 遠いからという理由ではないのでしょうね。退位してからとはいえ、熊野には何十回も出かけた上皇たちがいる以上。

平安～鎌倉時代の天皇は、賀茂社［42～43頁］や石清水八幡宮［40～41頁］、日吉《ひえ》神社（現・日吉大社、118～121頁）など都近くの重要な神社にしばしば行幸しました。しかしその場合でも神域には入らない。神域外の仮設の建物におこもりし、神前には代理の貴族を遣って参拝させる。何時間もかかる儀式が終わるのを、そこでじっと待っているのです。私だったら、さすが立派なお社だな、綺麗なご社殿だなと見てみたいですが。

Q 丁重にしながら距離を置く理由は？

古代中世の人たちにとって、神は怖い存在でもあったからです。しかし、現代人はもちろんとして、この感覚は近世にはすでに朝廷の人たちからも失われていました。神社行幸は南北朝時代を最後に一旦途絶え、幕末の危機のさなか、500年ぶりに復活します。攘夷を祈願するため賀茂や石清水に出かけた孝明天皇は、社殿に近づかないどころか、建物の奥深く、神官が祝詞をあげる祝詞座まで進入して参拝したのです。

Q 明治天皇の伊勢神宮参拝も、そうした感覚の変化が前提なのですね？

現代の神道では神々の恵みのことしか言いません。それこそが近世以降の“清々《すがすが》しい神道”の性格です。しかしそれ以前、特に古代において神は、豊作豊漁といった恵みをもたらすと同時に、天災などの形で祟る存在でもありました。古代の人たちが最も恐れたのは、日照り長雨をはじめとする天候不順です。もちろん、米が穫れなくなるからです。都市部では、天然痘に代表される疫病の脅威が大きい。さらに火事も天災とされていました。神話の中では、母神イザナミノミコトの死を嘆き悲しむあまり、「青山を枯れ山のように泣き枯らし、河や海をことごとく泣き乾し」「多くの国民を若死にさせた」スサノオノミコトの姿に、そうした自然の猛威が象徴的に表されています。

天災や疫病が起こった際、占いをしてどの神の祟りなのかを特定し、その怒りを鎮めるのは朝廷の重要な責務でした。そして例えば富士山＝浅間大神《あさまのおおかみ》が噴火したとなれば、祭祀が不充分だったのではないかと所轄の国司（この場合は駿河・甲斐国守）や神職は譴責され、鎮謝の祭りが行われる。

政治《まつりごと》の最高責任者である天皇個人にも神はしばしば祟りました。斉明天皇は、新羅討伐のために遠征した北九州で地元の神の怒りに触れ、お付きの者たちがばたばた死んだのに続いて崩御してしまいます。天皇と神々は強い緊張関係のもとにあり、中でも一対一の関係にある天照大神は、統治の正統性を保証してくれると同時にたいへん怖い存在でもあったのです。

Q こんどの九州の地震などでも、古代人なら神の祟りと考えるわけですね？

災害への恐怖心という視点を欠いては古代の神道は理解できないし、また未来の神道を考える上でも必要なことであろうと、東日本大震災以来、思うようになりました。恵みに感謝し、災い／祟りに畏怖する、その両者から生まれるつつしみ、かしこむ心が神道形成の基盤にはあったはずです。

学生たちにも授業で尋ねるのですが、神道はなぜ滅びることなく、こんにちまで残ったのでしょう。私自身は特に、①地域祭祀、②天皇祭祀、③古典籍継承という３つのポイントが重要だと考えています。

①地域祭祀とは、農業社会を築くにあたり、神社が果たした役割のことです。順調な四季の巡りの中で収穫を予祝し、また感謝する、それももちろんですが、むしろ災害が多いことが神社と神道を必要にさせた面もあるでしょう。神社において祭祀を執り行うことは共同体の立ち直りに繋がり、再生能力の象徴となります。実際、現在の東北復興の過程でも、そうした事例がいくつも出てきています。忘れてはいけないのは、神道は死後の世界をほとんど考えない点。死後の世界は仏教に任せて、ともかく前向きに生き抜こうとする志向性が神道にはあるのです。

②天皇祭祀が重要なのはその継続性ゆえ。毎年の新嘗祭《にいなめさい》（11月に天皇が自ら行う収穫感謝祭）と神今食《じんこんじき》（6月と12月に行われる天照大神と天皇の共食儀礼、中世末期以後廃絶）、そして一代一度の大嘗祭《だいじょうさい》（即位後最初の新嘗祭）。これらが宮中で連綿と続いてきたことで伊勢神宮の式年遷宮も維持され、神社神道が現在の姿を保ちえている。逆にもしも織田信長のような覇者が天皇になり代わっていたとしたら、神道は民間信仰、習俗の中に埋没していた可能性が高いでしょう。

③古典籍継承は、古事記、日本書紀、古語拾遺《こごしゅうい》、延喜式などいわゆる神典の保存、研究がなされてきたことです。これは中世には密教系の仏僧、伊勢神宮の神官や卜部《うらべ》氏の人たちによって担われ、近世には国学による新たな展開を見ました。神事に際しては祝詞を読まなくてはなりませんが、そもそも現代の神職が古代語の祝詞を作り、読めるのも、古典籍が継承されてきたからこそなのです。

第2章

神話の神さまとその現場

MYTHOLOGY

古事記や日本書紀に登場する神さまたちは直情かつパワフル。
惚れっぽく怒りっぽく見境なく、ほがらかで泣き虫で誇り高い。
そんな神々が織りなす壮大なスペクタクルに涙さそうエピソード。
神話の神さまがいる社、物語の舞台はこちらです。

平成28年4月2〜4日に行われた諏訪大社御柱祭の「山出し」の様子。山から切り出した重さ10トンのモミの大木を山の斜面を使って滑り落とす「木落とし」を経て、クライマックスの「川越し」へ。宮川の水で洗うことで、御柱を清める意味があるという。水温はまだ低い。

国生みの2神を祭る
壮大な社殿

多賀大社《たがたいしゃ》

祭神 伊邪那岐大神《いざなぎのおおかみ》
伊邪那美大神《いざなみのおおかみ》
社格 式内社・官幣大社
文化財 重文＝調馬厩馬図屏風

古事記は「イザナギの大神は淡海《おうみ》の多賀にいらっしゃる」と記し、日本書紀は「幽宮《かくれみや》を淡路の洲《くに》に構《つく》った」とする。近江と淡路、どちらがイザナギの本拠なのか昔から議論のあるところなのだが、それはさておきこちらは近江の多賀大社。イザナギとイザナミの夫婦神を祭り、厄除と延命長寿、縁結びの社として今も年間170万人の参拝者を集める。愛称は「お多賀さん」。「伊勢へ参らばお多賀へ参れ、お伊勢はお多賀の子でござる」と里謡にも歌われ、愛知県を中心に全国に239もの分祀社を擁する。

森に囲まれた社殿は壮大だ［上］。左右に翼廊を広げる拝殿の後ろに神楽殿、幣殿、本殿が続き、檜皮葺の屋根の重なるさまが美しい。豊臣秀吉が母・大政所の病気小康のお礼に寄進した1万石によって造られたと伝わる奥書院庭園では桃山風の庭が、後世に建てられた奥書院では狩野派の絵師による絢爛な襖絵が見られる。

［上］土日平日かかわりなく参拝者でにぎわう境内。大正4年（1915）に建てられた入母屋造の拝殿には、昭和7年（1932）の大造営で左右の翼廊が加えられた。

犬上郡多賀町多賀604 ☎0749-48-1101 HPあり
近江鉄道多賀線・多賀大社前駅から徒歩10分

滋賀県

白く発光するかのような
巨石信仰の岩肌

花窟神社《はなのいわやじんじゃ》

祭神
伊弉冊尊《いざなみのみこと》
軻遇突智尊《かぐつちのみこと》

花の窟は日本書紀にも登場する。火の神カグツチを生んだため「ほと」が焼けて亡くなったイザナミを葬った場所だという。御神体は高さ45メートルの巨大な岩壁で社殿はない。白いのでほのかに発光しているようにも見える岩の下方の窪みは女陰に見立てられ、神倉《かみくら》神社「135頁中」の御神体ゴトビキ岩と対をなすとされる。2月と10月に行われる御《お》縄掛《なわか》け神事では、岩壁の頂上の木から長さ170メートルの大綱を七里《しちり》御《み》浜《はま》まで引き、その後、支柱に結わえつける。神と人の繋がりを象徴する大綱は、神事のたびに氏子たちが藁でない、季節の花々や扇子で飾られた縄製の幡《はた》が3旒《りゅう》結び付けられる。巫女たちの舞も奉納され、華やかな1日となる。

イザナミの御神体である岩壁の向かい側の小さな岩（写真左端のあたり）には、御子であるカグツチが祭られている。

三重県
熊野市有馬町上地130　☎0597-89-0100（熊野市観光協会）　HPあり
JR紀勢本線・熊野市駅から車7分

「三連春日造」の本殿は
全国でこちらだけ

西宮神社

にしのみやじんじゃ

祭神 第一殿 えびす大神（蛭児大神《ひるこのおおかみ》）
第二殿 天照大御神《あまてらすおおみかみ》
大国主大神《おおくにぬしのおおかみ》
第三殿 須佐之男大神《すさのおのおおかみ》

社格 県社

文化財 重文＝大練塀、表大門

西宮とは平安時代にこの地を支配した神祇《じんぎ》伯《はく》白川家が特別厚く崇敬していた3つの神社、「廣田《ひろた》社・南宮社・戎社」を総称する語だった。この戎社というのが現在の西宮神社にあたり、中世以降、門前町の発展、エビス信仰の隆盛により、やがて式内社である廣田神社をしのぐ繁栄を見せるに至る。特に江戸期以降のエビスさまのお姿の神札頒布は威力が大きかったようだ。

エビスはコトシロヌシノカミと同体とされる場合もあるが、西宮神社が祭るのはヒルコノオオカミ。神話のヒルコはイザナギ・イザナミの第一子ながら葦船に乗せて流し捨てられる。そんな哀しい存在が一転、商売繁盛の福神に変容を遂げる。神さまの世界とはじつに融通無碍なものなのだ。

拝殿から本殿を見る。春日造を3つ連ねた三連春日造は他に例がない。徳川家綱寄進の旧国宝の本殿は空襲で焼失。現在の建物は昭和36年（1961）の再建だが、檜皮葺を銅板葺に改めた以外は旧規のままという。

西宮市社家町1-17 ☎0798-33-0321 HPあり
阪神本線・西宮駅から徒歩5分

兵庫県

連日、特に女性参拝者で賑わう東京大神宮の社頭。社殿は、関東大震災後の昭和3年（1928）に日比谷から現在地へ遷座した際に再建されたもの。昭和61年（1986）の大改修で、瓦葺を銅板葺に改めている。

「神前結婚式」創始の神社

東京大神宮《とうきょうだいじんぐう》

祭神　天照皇大神《あまてらすめおおかみ》　豊受大神《とようけのおおかみ》

創建　明治13年（1880）

当宮のキャッチフレーズは「東京のお伊勢さま」。神明社・天祖神社などの名でアマテラスオオミカミを祭る社は各地にあるが、それらとは一線を画し、東京における伊勢神宮の遥拝殿《ようはいでん》として創建された。従って誕生から日は浅いが、すでにして日本の文化史上の〝神話〟の当事者である。

現在のいわゆる神前結婚式のスタイルが、明治33年（1900）に宮中の賢所《かしこどころ》で行われた嘉仁《よしひと》親王（後の大正天皇）と九条節子《さだこ》（後の貞明皇后）の婚儀を原型とすることは比較的知られていよう。その式次第を一般向けにアレンジし、普及させたのが東京大神宮（当時は日比谷大神宮）なのだ。今も神前においてその婚儀の形式を守り伝え、縁結びの神社として人気を博している。

東京都

千代田区富士見2-4-1　☎03-3262-3566　HPあり
JR総武線他・飯田橋駅から徒歩5分

スサノオ新婚の地に残る
圧巻の夫婦岩

須我神社
すがじんじゃ

祭神　須佐之男命《すさのおのみこと》
稲田比売命《いなたひめのみこと》
清湯山主三名狭漏彦八島野命《すがのゆやまぬしみなさろひこやしまのみこと》

社格　県社

記紀のなかでもとりわけ有名なヤマタノオロチの神話。8つの頭と8つの尾を持つオロチに娘たちを奪われた老夫婦から、退治を請け負う代わりに次に犠牲となるはずだった娘との結婚の約束を取り付けたスサノオノミコトは、みごと勝利して娘クシナダヒメ（当社ではイナタヒメ）を妻に迎える。そのスサノオの御心がここに来て「すがすがし」くなり、日本で最初の宮を造り、御子をもうけた。そこでこの地は須賀と名付けられたのだった。

須我神社の裏手にそびえる八雲山に奥宮があり、歌碑や句碑が立ち並ぶ山道をゆくと中腹に巨石［右］がそそり立つ。名は「夫婦岩」だが、大中小3柱の磐座が鎮座している。一帯は山霧につつまれ、神聖な空気が漂う。

［右］夫婦岩を仰ぐ。クシナダヒメを娶ったスサノオは、「八雲たつ　出雲八重垣（やえがき）　妻籠（つまご）みに　八重垣作る　その八重垣を」と詠み、和歌の祖神ともされる。なお当社の本殿は出雲地方独特の大社造。

雲南市大東町須賀260　☎0854-43-2906
JR木次線・出雲大東駅から車20分
JR山陰本線・松江駅からバス「須賀」下車、徒歩3分

いつかは見たい、
国譲り神話を再現する
海の祭り

美保神社《みほじんじゃ》

祭神　三穂津姫命《みほつひめのみこと》
事代主神《ことしろぬしのかみ》
創建　天平5年(733)以前
社格　式内社・国幣中社
文化財　重文＝本殿

高天原の神々から国を譲るよう迫られたオオクニヌシノカミが、釣りをしていた息子コトシロヌシノカミに回答を委ねると、国譲りが最善策と即断し、乗っていた船を踏み傾け、青柴垣《あおふしがき》に変えて隠れた。こうして新しい国造りの礎はつくられた――島根半島の東端、三方を海に囲まれた美《み》保関《ほのせき》はこの「国譲り神話」の舞台。その中央部に位置するのが美保神社だ。

エビスさまとしても知られるコトシロヌシノカミの総本社とあって、神話に基づく神事が今も守り継がれる。氏子から選ばれ、祭神の依り代となった一年神主を青柴垣で飾った船に乗せ、港内を一周したのち参拝する「青柴垣神事」［左］と、国譲りの相談を受けるさまを儀礼化した「諸手《もろた》船《ぶね》神事」、ともに古式ゆかしくも勇壮な祭りだ。

毎年4月7日に行われる青柴垣神事。一年神主を青柴垣を飾った2隻の船に乗せ、港内を一周したのち美保神社に参拝、奉幣する。

文化10年（1813）再建の本殿は、大社造の2殿を左右に連結する「美保造（みほづくり）」と呼ばれる特殊様式。船庫を模してデザインされた長大な拝殿は、伊東忠太の設計監督で昭和3年（1928）の建立。

島根県

松江市美保関町美保関608　☎0852-73-0506　HPあり
JR境線・境港駅から車20分

4つの境内、本殿なし、
されど華麗なる拝殿

諏訪大社《すわたいしゃ》

祭神 建御名方神《たけみなかたのかみ》
八坂刀売神《やさかとめのかみ》

社格 式内社（名神大）・信濃国一宮・官幣大社

文化財 重文＝上社本宮拝殿、
下社春宮幣拝殿、同秋宮幣拝殿 他

［上］上社本宮の「布橋（ぬのばし）」。門と拝殿をつなぐ67メートルの屋根付きの参道は、明治以前は神職の最高位「大祝（おおほうり）」のみが布を敷いて歩くことができた。
［左］下社春宮の近くにある阿弥陀如来像。万治3年（1660）の造像銘から「万治の石仏」と呼ばれる。プリミティヴで力強い造形を岡本太郎が絶賛し、有名に。

諏訪大社は信州諏訪湖の近くに、4つの境内地を持つ。上社《かみしゃ》と下社《しもしゃ》があり、上社はさらに本宮《ほんみや》と前《まえ》宮《みや》に、下社は春宮《はるみや》と秋宮《あきみや》に分かれているのだ。

上社の祭神タケミナカタノカミはオオクニヌシの息子で、国譲りに際して高天原の使者タケミカヅチに挑んで敗れ、出雲からこの地に逃れたという。下社で祭られているのはその妃神だ。気性の荒いタケミナカタノカミは、軍神として武田信玄ら武将たちの尊崇を受けてきた。神前に鹿の首（現在は剝製）を奉る4月の御《おん》頭祭《とうさい》や、鎌倉時代に始まった8月の御射《みさ》山社祭《やましゃさい》など、たしかに猛々しい神をイメージさせる神事が多い。

平成28年には、申年と寅年にのみ行われる大祭、御柱《おんばしら》祭が、4〜5月の1カ月半にわたって営まれ、地元6市町村から20万人以上の人々が

下社春宮の幣拝殿は、幣殿と拝殿が一体になった楼門風の造りで、左右に片拝殿が広がる。地元の宮大工が安永9年（1780）に竣工したもので、構造は秋宮も同じ。左手前に見えるのは「二ノ御柱」。下社の神さまは例年2月1日に秋宮から春宮へ、8月1日に春宮から秋宮へ遷座する。諏訪大社に本殿はなく、上社では山を、下社では木を、それぞれ御神体として拝する。

参加。上社は八ヶ岳から、下社は霧ヶ峰から大木を切り出して運び［52～53頁］、4つの宮の四方に、計16本の新しい柱を建てた。こうして春先は賑やかだった境内も、やがていつもの静けさを取り戻し、心地よい風が吹きぬけてゆく。そういえば諏訪の神は日本書紀によれば風神としても信仰され、暴風雨による災害が起こると朝廷から使者が遣わされ、鎮謝の祭祀が行われたという。

長野県

上社本宮=諏訪市中洲宮山1　☎上社=0266-52-1919　HPあり
JR中央本線・茅野駅から車10分
下社春宮=諏訪郡下諏訪町193　JR中央本線・下諏訪駅から徒歩20分

日向三代と
神武天皇の兄一家を祭る

高千穂神社《たかちほじんじゃ》

祭神　高千穂皇神《たかちほすめがみ》
十社大明神《じっしゃだいみょうじん》

文化財　重文＝本殿、鉄造狛犬1対

高千穂は天孫降臨の地――アマテラスの孫ニニギノミコトが高天原から降り立った場所だ。高千穂18郷88社の総社が高千穂神社。主祭神の高千穂皇神はニニギ以後3代の神々と妃神の総称、十社大明神はニニギの曾孫で神武天皇の兄ミケヌノミコトとその妻子の総称だという。

11～2月にかけて地域の各所で夜通し上演される夜神楽は国の重要無形民俗文化財で、さまざまな神話のエピソードが演じられる。季節限定がネックだけれど大丈夫、高千穂神社境内の神楽殿では毎晩観光客向けに1時間ほどの上演がある。

一帯にはニニギが降り立った二上《ふたかみ》山《やま》やアマテラスが隠れた天岩戸、神々の会議場・天安河原《あめのやすかわら》などの舞台が多くのこり、神話の世界をリアルに体験できる。

[右]本殿の脇障子の彫刻。鬼八（きはち）という鬼を退治するミケヌノミコトは、神武東征から離脱して高千穂に戻り、この地を治めた。
[上]古木に囲まれた高千穂神社の社殿。安永7年（1778）、延岡藩主の寄進による再建。

西臼杵郡高千穂町大字三田井1037　☎0982-72-2413
JR日豊本線・延岡駅からバス「高千穂バスセンター」下車、徒歩15分

まさに神話の現場を
思わせる
神秘の岩窟

鵜戸神宮《うどじんぐう》

祭神　日子波瀲武鸕鶿草葺不合尊《ひこなぎさたけうがやふきあえずのみこと》
創建　崇神天皇時代（ＢＣ97〜ＢＣ30）
社格　官幣大社

日向灘に面した速日《はやひ》峰《みね》の一角、険しい岸壁に寄せる海が白い波頭を煌めかせる。昭和40年代には新婚旅行のメッカだった景勝地だ。鵜戸神宮はそんな岸壁の中腹、海蝕で生まれた巨大な岩窟の中にある。

石段を下った先に現れる本殿［下］は、明るい朱塗りに極彩色の装飾が施され、さらに南国の趣を増す。祭神のウガヤフキアエズノミコトは山幸彦と海神の娘トヨタマヒメの息子。トヨタマヒメは産屋の完成前（鵜の羽で屋根を葺き終わる前）に、ここでサメの姿となってウガヤフキアエズを出産したという。本殿のそばにはトヨタマヒメが出産のために乗ってきた「霊石亀石」や、海に帰る際に置いていったという「お乳岩」も残っている。

洞窟に挟まれるように建つ本殿。内部には伝説にちなんでトヨタマヒメを「龍」の姿で描いた天井画がある。

日南市大字宮浦3232　☎0987-29-1001　HPあり
JR日南線・伊比井駅から車20分

三の鳥居より社殿を見る。大きな唐破風の付いた勅使殿をはじめ、拝殿、本殿と屋根が重層する。「西の日光」の呼び声もある豪華な建築群は、正徳5年（1715）、薩摩藩主・島津吉貴による再建。

霧島山麓に島津家が造営した「西の日光」

霧島神宮《きりしまじんぐう》

祭神　天饒石国饒石天津日高彦火瓊瓊杵尊《あめにぎしくににぎしあまつひたかひこほのににぎのみこと》
社格　式内社・官幣大社
文化財　重文＝本殿・幣殿・拝殿 他

ニニギノミコトは、「筑紫の日《ひ》向《むか》の高千穂のクシフルタケ」に天下ったと古事記は記す。これがどこなのか、宮崎県高千穂町説と霧島山説が昔から相拮抗していて、現在も決着はついていない。その状況に相応して、ニニギを祭る有力な神社として高千穂町には高千穂神社［62頁］が、霧島山麓には霧島神宮が鎮座する。

霧島神宮はかつては霧島山中の背《せ》門《と》丘《お》にあったが噴火により炎上。その後、高千穂河原に再興されるもこれまた噴火で焼失し、文明16年（1484）、島津忠昌の命で真言僧の兼《けん》慶《けい》が現在地に遷したという。島津家造営の社殿［上］は天孫の宮にまことに似つかわしい壮麗さだが、自然に翻弄されたその歴史はなかなかに多難だったのである。

霧島市霧島田口2608-5　☎0995-57-0001　HPあり
JR日豊本線・霧島神宮駅から車15分

海中鳥居に胸ときめく「わだつみのいろこの宮」

和多都美神社《わたづみじんじゃ》

祭神　彦火火出見尊《ひこほほでみのみこと》
豊玉姫命《とよたまひめのみこと》

社格　式内社（名神大）・村社

対馬の中央、浅茅《あそう》湾の奥深くに鎮まる和多都美神社。青木繁も《わだつみのいろこの宮》（明治40年／1907）で描いた古事記の一場面——兄・海幸彦の釣り針を無くした山幸彦（ヒコホホデミノミコト）が海神《わたつみ》の宮殿を訪れ、海神の娘で後に妃となるトヨタマヒメノミコトと出会う——の舞台とされる。5基の鳥居のうち2基が海中に立ち、満潮時には、社殿の近くまで海水が迫る。その情景はまさに神話的である［下］。社前には、三柱鳥居に囲まれた霊石「磯良エベス」［上］が鎮座。海神安曇磯良《あずみのいそら》の墳墓とも、原初の御神体とも言われ、表面に縦横の深い皺を刻み、鱗のように見えるその形は、トヨタマヒメが異類に変じて御子神を出産したこととも関連づけられよう。

［上］社前の霊石「磯良エベス」。当社は潮の満ち引きによってさまざまな表情を見せ、この霊石も満潮時には水没する。海辺には夫婦神の出会いの場となった「玉ノ井」が、本殿裏手には、トヨタマヒメの墓とも言われる磐座がある。［下］対馬、浅茅湾の奥に鎮まる和多都美神社は、その名の通りの海の宮だ。北西に向かって一直線に並ぶ5つの鳥居のうち、2基は海中に立つ。

長崎県

対馬市豊玉町仁位字和宮55　☎0920-58-1488
対馬空港から車40分

磐船神社の社殿と御神体の「天磐船（あまのいわふね）」。御神体は淀川の支流・天野川の峡谷を跨ぐようにわだかまっており、下を行く水音が響きわたっていた。ここから下流に向かって幾十とも知れない巨石が谷間を埋め、かつては修験の岩窟行場となっていた。社務所に申し出れば岩窟内を拝観できる。

ご神体の巨石はニギハヤヒの空飛ぶ船

磐船神社《いわふねじんじゃ》

祭神 天照国照彦天火明櫛玉饒速日尊《あまてるくにてるひこあめのほあかりくしたまにぎはやひのみこと》

日本書紀や先代《せんだい》旧《く》事《じ》本紀《ほんぎ》には、物部氏の祖神ニギハヤヒノミコトが「天磐船《あまのいわふね》」に乗って「大虚《おおぞら》を翔行《かけりゆ》」き、河内国に天降ったとの記述がある。まさにその天磐船とされるのが磐船神社の御神体で、社殿を圧するような巨石が、なるほど船の舳先のような尖りを見せながら天に向かって抽《ぬき》んでているさまは圧倒的だ［右］。

物部氏の支族・肩野《かたの》物部氏による天磐船信仰はしかし、物部本宗家《ほんそうけ》の滅亡と共に衰微。平安時代以降、祭神は住吉神に変わり、一帯の巨石群は生駒修験の行場《ぎょうば》として賑わうことになる。紆余曲折の末、祭神は元のニギハヤヒに戻ったが、巨石の中には不動明王［下］や仏・菩薩の像を刻したものもあり、神仏習合時代の雰囲気を今に伝えている。

境内の巨石に刻まれた不動明王像。室町時代、天文14年（1545）の銘文がある。

大阪府

交野市私市9-19-1　☎072-891-2125　HPあり
京阪交野線・私市駅から車10分

京都御所の建物を移して
神武創業の地に創建

橿原神宮《かしはらじんぐう》

祭神 神日本磐余彦火火出見天皇《かむやまといわれひこほほでみのすめらみこと》
姫蹈鞴五十鈴媛命《ひめたたらいすずひめのみこと》
創建 明治23年（1890）
社格 官幣大社
文化財 重文＝本殿、文華殿

明治政府は、暦に関して3つの大きな変革を行なう。明清の制度に倣った一世一元《いっせいいちげん》の制（天皇1代に1元号）の採用、明治5年（1872）12月をもっての太陰暦から太陽暦への切り替え、と同時に西暦紀元前660年を神武天皇即位の年とし、これを元年とした紀年法（皇紀）を制定したことである。その根拠は日本書紀の記述で、一族で日向を進発したカムヤマトイワレヒコはこの年、数々の強敵を打ち破って大和に入り、畝傍《うねび》山《やま》の東南、橿原において第一代天皇に即位したのだった。橿原神宮は、皇紀でいえば2550年の創建。神武創業の地に同天皇をしのぶ神社をという民間有志の請願に応え、明治天皇が下賜した京都御所の建物を本殿や拝殿とし、壮大な社殿群が造営された。

［上］境内から畝傍山を望む。境内の北側には幕末に整備された神武天皇陵の敷地が続いている。写真の建物は、翌年に皇紀2600年を控えた昭和14年（1939）に建造された外拝殿で、内拝殿、幣殿、本殿などと長大な回廊で結ばれている。

橿原市久米町934　☎0744-22-3271　HPあり
近鉄橿原線他・橿原神宮前駅から徒歩10分

奈良県

ヤマトタケル伝説に彩られた森深く

大鳥大社《おおとりたいしゃ》

祭神　日本武尊《やまとたけるのみこと》
大鳥連祖神《おおとりむらじのみおやのかみ》

社格　式内社(名神大)・和泉国一宮
官幣大社

境内にはこの《祭神日本武尊御神像》の他、本文に引いた平清盛の歌を富岡鉄斎が揮毫した石碑も。

伊勢国能褒野《のぼの》に斃れたヤマトタケルノミコトは白鳥になって飛び去った——ここまでは記紀で共通するものの、最後に昇天する土地は両者で異なる。一方、大鳥大社の社伝では、河内の古市邑《ふるいちのむら》を経て当地へ来たり留まったとする。白鳳（ヤマトタケルの白鳥とは別らしい）が飛来して、一夜のうちに樹々が生い茂ったという伝説を持つ「千種《ちぐさ》の森」に抱かれた当社は、和泉国全体の産土《うぶすな》神《がみ》として一の宮の地位にあった。その歴史の中で最も劇的な瞬間は、熊野参詣の途次、平治の乱勃発の報せを聞いた平清盛一行が、京都に引き返す道すがら参拝した時だろうか。清盛は、〈かいこぞよかへり出《い》でなば飛ぶばかり育《はごく》みたてよ大鳥の神〉という歌を詠んで戦勝を祈願したとか。「かいこ」は卵で、「かへり出で」は「孵り出で」と京へ無事「帰り出で」を掛けている。

「大鳥造（おおとりづくり）」と呼ばれる古風な本殿。現在の建物は明治42年（1909）の再建にかかり、昭和63年（1988）に檜皮葺を銅板葺に改めた。

大阪府　堺市西区鳳北町1-1-2　☎072-262-0040
JR阪和線他・鳳駅から徒歩7分

草薙神剣を祭る 厳かなる神苑

熱田神宮《あつたじんぐう》

祭神 熱田大神《あつたのおおかみ》
創建 景行天皇43年(113)
社格 式内社(名神大)・官幣大社
文化財 国宝＝短刀 銘来国俊 重文＝古神宝類 他

広大な境内に足を踏み入れた途端、緑の香りに包まれ、気温が1、2度下がったような気がした［左頁］。こちらの主祭神・熱田大神とは、三種の神器の1つ草薙神剣《くさなぎのみつるぎ》を御神体とするアマテラスオオミカミ。ヤマトタケルは東征の後、尾張で娶ったミヤスヒメにこの神剣を預けたまま、没してしまう。ヒメが神剣を熱田の地にお祀りしたのが当宮の始まりとされる。

当宮には、母親が大宮司の娘だった縁から神馬や宝剣を奉納した源頼朝はじめ、これまで多くの武将、また皇室によりおびただしい数の品々が奉納されてきた。御神体が御神体だけに、中でも刀剣は国宝1件、重文19件という充実ぶり。宝物館で随時その一端を見ることができる。

［上］拝殿からさらに二重の垣と御門に守られた本殿を拝する。かつては流造の一種、尾張造（おわりづくり）だったが、明治26年（1893）に神明造となる。現本殿は昭和30年（1955）に伊勢神宮の古材の下賜を受けて建てられた。
［下］桶狭間の戦いに勝利した織田信長が寄進した「信長壁」。

名古屋市熱田区神宮1-1-1 ☎052-671-4151 HPあり
名鉄名古屋本線他・神宮前駅から徒歩3分

駅前の喧騒が嘘のように静かで清々しい熱田神宮の境内。樹齢1000年前後の大楠など、巨木に縁どられた参道を歩くだけで心身がリフレッシュするよう。

神話の神さま名鑑

死後くん イラストレーション

古事記、日本書紀などで語られる神話と、神社の祭神の関係は一様ではない。神話で大活躍すると共に大いに信仰された神さま（アマテラス、スサノオ、オオクニヌシ）もいれば、神話では重要なのにあまり神社の祭神にならなかった神さま（タカミムスビ）もいる。さらに、神話には名前が出てくるだけ、それでいて絶大な信仰を獲得した神さま（ウカノミタマノカミ=稲荷神）、そもそも神話には言及がないのに存在感抜群の神さま（八幡神）など、神々のあり方はじつに多彩なのだ。ここでは第2章で紹介した神社の祭神を中心に、日本神話を代表する20柱（組）の神々にご登場いただきましょう。

＊各解説の後に挙げた神社は、その神を祭る本社または主要な神社。

国生みのものがたり

国土と神々の大いなる父
イザナギノミコト

妻のイザナミと共に、本州、四国、九州をはじめ日本の国土となる島々や、森羅万象を司る神々を生む。死んだ妻を慕って黄泉の国へ行くが、変わり果てたその姿に恐怖して逃走。黄泉の穢れを落とすみそぎをした際、最後に生まれたのがアマテラス、ツクヨミ、スサノオの三貴子《さんきし》である。◆多賀大社（54頁）

火の神を生んで死んだ万物の母
イザナミノミコト

夫イザナギと共に島々や神々を生むが、火の神カグツチを生んだ際に陰部を焼かれて死去。黄泉から逃げたイザナギを追跡するも、ついに別れを迎える。「愛しい人、あなたの国の民を毎日1000人殺してやります」「愛しい妻よ、ならば私は毎日1500人生むとしよう」との恐ろしい会話を最後に。◆花窟神社（55頁）

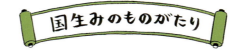

海に流された最初の子供
ヒルコ

イザナギ・イザナミ夫妻の最初の子だが、不出来だったため葦の船で海に流されてしまう。神話学的には、本来は「日る子」つまり太陽神だった可能性もあるらしい。中世以降、海浜への漂着物を神聖視するエビス信仰と習合して福神となる。◆西宮神社（56頁）

太陽の女神にして天皇家の祖
アマテラスオオミカミ

弟スサノオのＤＶに悩んで天岩戸に隠れると世界は暗黒化、神々があの手この手でお出ましを願った物語はあまりにも有名だ。一方で、オオクニヌシから地上世界を奪い、孫ニニギに統治させる冷徹さも。その子孫が天皇となったことから皇祖神として厚い尊崇を受けた。◆伊勢神宮（16〜19頁）

乱暴者からヒーローに
スサノオノミコト

亡き母イザナミを慕って泣き続けたため草木は枯れ、人間もばたばた死ぬ。天上世界では天岩戸事件を引き起こす。日本神話随一のヤンキー神であるが、追放されて出雲へやってくると一転、ヤマタノオロチを退治する英雄に。中世以降、疫病からの守護神・牛頭天王《ごずてんのう》と同一視された。◆熊野大社（本特集では紹介していない）、須我神社（58頁）、氷川神社（226頁）

出雲神話の神々

エビスさんとなった和平派
コトシロヌシノカミ

国譲りを要求するタケミカヅチに対してオオクニヌシは「息子のコトシロヌシの意見を聞くように」と回答する。美保ヶ崎で釣りをしていたコトシロヌシはただちに恭順して、青柴《あおふし》垣《がき》に隠れてしまった。中世以降、神話の釣り人イメージからエビス信仰と習合し、福神となる。◆美保神社（59頁）

神話世界の武闘派ナンバーワン
タケミカヅチノカミ

古事記では単独で、日本書紀ではフツヌシと一緒に、オオクニヌシから天孫への国譲りを実現させるなど、アマテラス政権最強の武神。本社である鹿島神宮の社殿が北向き、つまりいまだ服属しない蝦夷に対峙していることからもわかるように、朝廷に非常に頼りにされた。
◆鹿島神宮（28頁）

諏訪明神として武将たちが信仰
タケミナカタノカミ

オオクニヌシのもう1人の息子タケミナカタは、タケミカヅチとの対決の道を選ぶ。が、あえなく敗北して逃走。信州の諏訪でついに捕捉され、同地から出ないことを誓って降伏する。本来、諏訪地方の武と狩猟の神であったのが、国譲り神話に組みこまれたかとの説も。◆諏訪大社（52〜53／60〜61頁）

恋多き地上世界の王
オオクニヌシノミコト

オオナムチ、ヤチホコノカミなど異名が多い。スサノオの娘スセリヒメをはじめ多くの妻に181人の子を生ませた。手のひらサイズの神さまスクナヒコナと二人三脚で国土開発に邁進。最後はアマテラスが派遣したタケミカヅチの圧力に屈して、巨大宮殿の提供を条件に隠退した。
◆出雲大社（20〜23頁）

天孫降臨と日向三代

天孫を一目惚れさせた美女

コノハナサクヤヒメノミコト

山の神オオヤマヅミの娘でニニギの妻。ニニギに結婚を申し込まれた父神は、姉娘のイワナガヒメも一緒に嫁がせるが、醜女だった姉は返されて来る。父神は怒って「天孫の子孫は花が散るように短命になるだろう」と呪う。後世、富士山の神=浅間大神《あさまのおおかみ》と同一視された。◆富士山本宮浅間大社（188頁）

燃える産屋で生まれた山幸彦

ヒコホホデミノミコト

コノハナサクヤヒメは一晩で妊娠。ニニギが「誰の子なんだか～」と疑うと、激怒したヒメは「天つ神の子なら無事生まれるでしょうよ」と宣言して、火を着けた産屋で男の三つ子を生む。そのうちの1人がヒコホホデミで、狩猟の巧みさから山幸彦と呼ばれる。◆和多都美神社（65頁）

高千穂の峰に天下ったアマテラスの孫

ニニギノミコト

父方の祖母はアマテラス、母方の祖父はアマテラスと並ぶ天上界の総帥タカミムスビという、サラブレッド中のサラブレッド。祖母と外祖父のお膳立てのもと、藤原氏の祖アメノコヤネら多数の家来を引き連れて日向の高千穂に天下る。ニニギの名は稲穂の豊かな実りを象徴する。◆高千穂神社（62頁）、霧島神宮（64頁）

2代続けて出産トラブル

ウガヤフキアエズノミコト

海神の娘トヨタマヒメと山幸彦の子。海幸彦とトラブった山幸彦が海神の宮殿を訪ねたのが、夫婦の馴初めだった。さて出産の日、「覗くな」と言われた産屋の中では妻がサメに変身して分娩中。その姿を夫に見られたと知ったヒメは、生まれた赤ん坊ウガヤフキアエズを置き去りにして、実家へ帰ってしまった。◆鵜戸神宮（63頁）

天皇とそれを守護する者

天孫降臨したもう1人の神

ニギハヤヒノミコト

イワレヒコの大和征服にたちはだかった強敵ナガスネヒコが奉じていた神。抵抗をやめないナガスネヒコを殺して、イワレヒコに恭順する。記紀以外の神話書・先代旧事本紀《せんだいくじほんぎ》ではニニギの兄、つまり天孫とされる。近年、古代史ファンの間で注目度が急上昇中。◆磐船神社（66〜67頁）

大和へ進撃して初代・神武天皇に

カムヤマトイワレヒコノミコト

ウガヤフキアエズの子。壮年にして一念発起し、兄たちと共により豊かな地を求めて日向を発ち、東へ向かう。数々の戦いに勝利し、大和を征服したイワレヒコは、紀元前660年1月1日（新暦2月11日=建国記念の日）、橿原宮でハツクニシラススメラミコトすなわち初代天皇に即位した。◆橿原神宮（68頁）

悲劇の王子にして英雄詩人

ヤマトタケルノミコト

父王オオタラシヒコ（=景行天皇）の命で西へ東へ転戦して各地を平定。ついに、「休みなく働かせて、父は私を死なせたいのか」と悲憤の声をあげる。伊吹山の神の怒りに触れて死ぬ直前に歌った〈倭《やまと》は国のまほろば　たたなづく青垣……〉の歌はけだし絶唱。その魂は白鳥と化して天翔けた。◆大鳥大社（69頁）、建部大社（234〜235頁）

大陸航路を守護した三姉妹

ムナカタ三女神

タゴリヒメ、タギツヒメ、イチキシマヒメの三姉妹で、アマテラスとスサノオが行なった対決的占い「誓約《うけい》」から生まれた。アマテラスに「道の中に降って天孫を助けるのです」と命じられて、宗像の地に降臨。イチキシマヒメは後に仏教の弁才天と習合する。◆宗像大社(26〜27頁)、嚴島神社(78〜81頁)

みそぎの水から生まれた航路守護の神

スミヨシ三神

黄泉から戻ったイザナギのみそぎから生まれたソコツツノオ、ナカツツノオ、ウワツツノオの三兄弟で、航海の守護神。託宣によって多大な影響力を揮う。例えば神託を疑ったタラシナカツヒコ（=仲哀天皇）は頓死、その后オキナガタラシヒメが神の言葉通り新羅討伐をなしとげるのである。◆住吉大社（34〜35頁)、住吉神社（95頁)

戦う妊婦、神功皇后

オキナガタラシヒメノミコト

スミヨシの大神の怒りにふれた夫タラシナカツヒコが遠征先の九州で死去。オキナガタラシヒメは、大臣のタケウチノスクネと共に軍を率いて海を渡り、新羅を征服する。戦争中に臨月となるも、産気づかないようにお腹を静め、帰国後に出産。この子がホムダワケ(=応神天皇)である。◆香椎宮(124頁)

八幡神となった最初の実在の天皇

ホムダワケノミコト

第15代応神天皇であり、実在が確実な最初の天皇と言われる。応神天皇陵とされる誉田《こんだ》御廟山《ごびょうやま》古墳は墳丘長425メートルの超巨大古墳である。後世、母・神功皇后と共に宇佐の八幡神と習合したことで、八幡神はアマテラスにつぐ皇祖神という位置付けに。◆宇佐神宮（36〜39頁)、石清水八幡宮（40〜41頁)

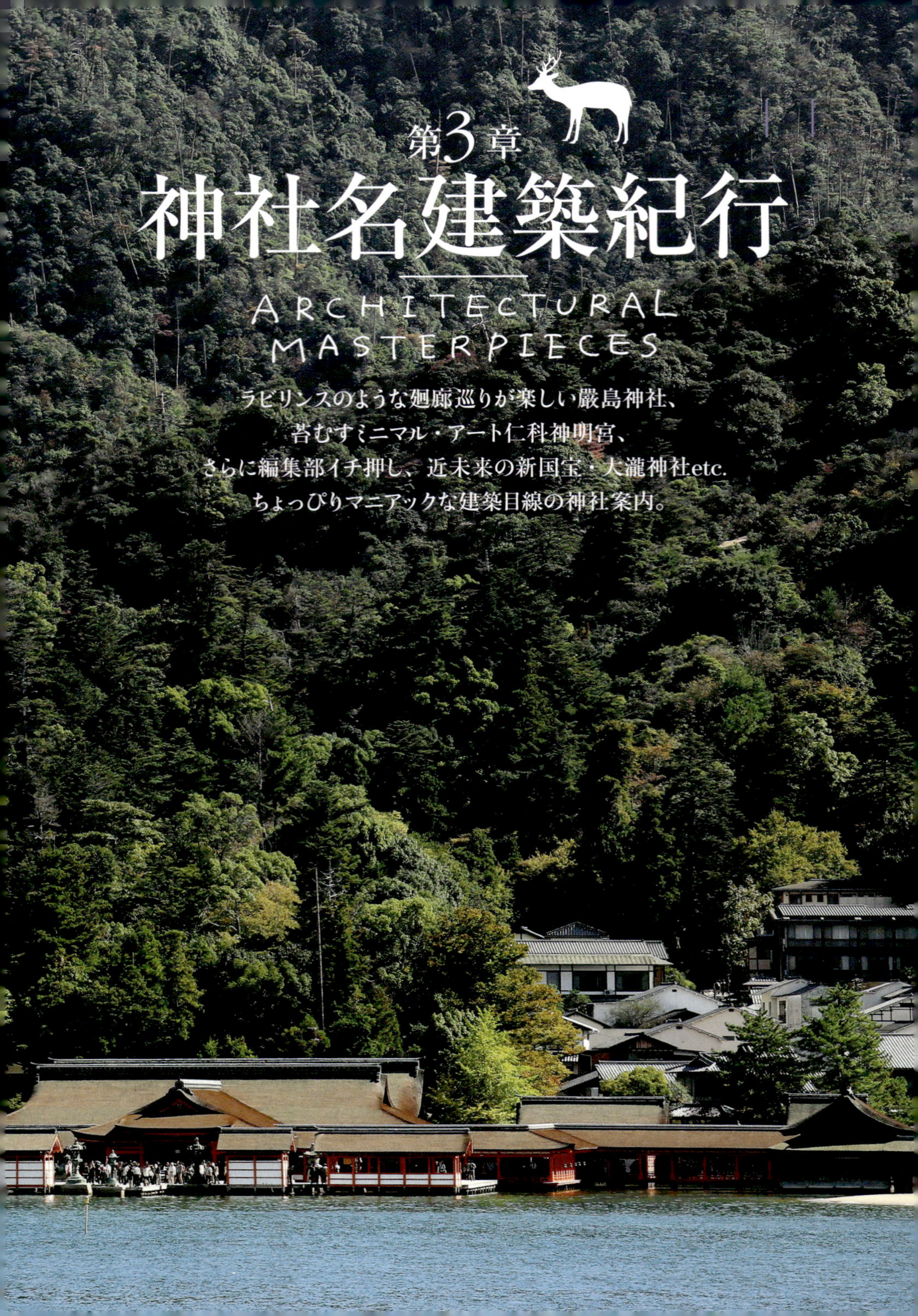

第3章

神社名建築紀行

ARCHITECTURAL MASTERPIECES

ラビリンスのような廻廊巡りが楽しい嚴島神社、
苔むすミニマル・アート仁科神明宮、
さらに編集部イチ押し、近未来の新国宝・大瀧神社etc.
ちょっぴりマニアックな建築目線の神社案内。

海を敷地にした唯一無二の美

嚴島神社

嚴島神社の、いやもうほとんど古き日本文化全体のアイコンと化した大鳥居は明治8年（1875）の再建。平安末期の創建から数えて8代目にあたる。社殿の最突出部である平舞台の先端からは156メートル、干潮時には足もとまで歩いて行ける。フェリーで島に渡った参拝者が、写真左手方向の宮島桟橋から続々とやって来る。

平清盛が築いた華麗なる水上社殿

嚴島神社《いつくしまじんじゃ》

祭神　市杵島姫命《いちきしまひめのみこと》
田心姫命《たごりひめのみこと》
湍津姫命《たぎつひめのみこと》

創建　推古天皇元年（593）

社格　式内社（名神大）・安芸国一宮、官幣中社

文化財　国宝＝本社本殿等６棟、平家納経 他
重文＝大鳥居、五重塔 他

覆いかぶさるような山の緑を背景に、朱色と白の社殿群が海にせり出し、きらめく波の上にその影をたゆたわせる［前見開き］。自然美と人工美の調和ということなら他にも例《ためし》はあるとして、こんな現実離れのした夢幻的な風景はまたとあるまい。

当社の歴史は上代にさかのぼるが、神社建築の至宝というべき現在の姿は、平安末期、仁安年間（１１６６～６９）に始まる。それに先立つこと20年の久安２年（１１４６）、安芸《あきの》

［右頁上］正面中央、妻を見せているのは祓殿、その後ろの横長の建物が拝殿。さらに奥が本殿となるが、この写真では全く拝殿の蔭になっている。
［右頁中］社殿は北西に向かって口をすぼめた入江の奥に広がり、風波から守られている。手前右は摂社・客神社本殿の背面で、左手遠方に妻を見せる2つの建物のうち右が本社拝殿、左が本社本殿である。本殿は両流造（りょうながれづくり）。切妻造の建物の身舎の平方向（前方）に庇を伸ばすのが流造だが、前後両方に庇を伸ばすところからこの名がある。
［右頁下］境内には鹿がいっぱい。

［左］嚴島神社の宝物代表は豪華に装飾された法華経であるところの《平家納経》だが、このことが端的に示すように嚴島神社もまた神仏習合の社であった。しかし宝物はともかく、多宝塔や写真の五重塔までもが、神仏分離後も神社のものとして現存するのは、稀なケースである。手前は客（まろうど）神社の祓殿（はらいでん）と拝殿。

守《かみ》に就任した平清盛は当社を尊崇。保元・平治の乱を経て位人臣を極めてゆく中で傾倒は深まり、手厚い庇護を加える。《平家納経》の奉納しかり、後白河・高倉両上皇の御幸《ぎょこう》のお膳立てしかりだが、その頂点が仁安の社殿造営だった。建物を縦横の回廊で繋ぐなど寝殿造《しんでんづくり》を思わせる趣向から繊細優美な印象がまさるが、じつは規模も雄大。本殿は両流造《りょうながれづくり》の九間社で、その床面積は八坂神社本殿［144頁］や吉備津神社本殿［次見開き］と並んで、神社本殿としては最大級だ。

確立した名社の地位は平家滅亡後も揺るがず、源氏、足利氏、大内氏などの支援が続いた。現在の主要社殿は、陶晴賢《すえはるかた》を滅ぼした厳島の戦いののち、毛利元就の再建になる。

広島県

廿日市市宮島町1-1　☎0829-44-2020　HPあり
厳島港（宮島口）からフェリー10分、「宮島桟橋」下船、徒歩15分

重源の遺産!?
翔ぶが如き大神殿

吉備津神社

嚴島神社と並ぶ神社建築の最高峰、吉備津神社本殿。鋭く反り上がった屋根のラインと、縁束を立てず亀腹（かめばら。漆喰塗りの土台）から組物で持ち上げた廻縁のラインが呼応して、重厚でありながら強い上昇感、疾走感を帯びる。千木や鰹木は、江戸時代中期以降の付加。国宝。

国宝本殿は神社建築の最高傑作

吉備津神社《きびつじんじゃ》

祭神　大吉備津彦大神《おおきびつひこのおおかみ》
社格　式内社（名神大）・備中国一宮・官幣中社
文化財　国宝＝本殿・拝殿
重文＝御竈殿、木造獅子狛犬1対 他

吉備津神社に初めて参拝し、本殿の全景［前見開き］と対面した時の強烈な印象は忘れ難い。現在の本殿は足利義満の援助により、応永32年（1425）に完成したもの。ただし、規模や形式は火事で焼けた前代の本殿を踏襲したらしい。そちらは鎌倉初期の造営で、東大寺復興を成し遂げた俊乗房重源《しゅんじょうぼうちょうげん》が結縁《けちえん》している。また、重源と親しく、重源の次に東大寺大勧進職《だいかんじんしき》に就任した栄西《ようさい》は、他ならぬ吉備津神社の社家の出身。この建物のそこここに、いわゆる大仏様《だいぶつよう》の手法が見られるのは、つまりは重源の教示なのだろう。そうした細部の技術的な処理だけでなく、入母屋屋根を2つ連ねた吉備津造（149頁参照）と呼ばれる特異なデザインそのものがこの天才プロデューサーの創意に負うところがあ

［右］本殿内部正面。手前が建物の四周を廻る外陣で、漆塗りの一段高くなったところが「朱の壇」、その奥は中陣。中陣のさらに奥は内陣、内々陣と、神の座へ向かって徐々に床が高くなってゆく。

［左］内々陣の東西（両側面）には、鎌倉後期から南北朝にかけてのみごとな獅子・狛犬が安置されている。

るのか、しからざるか、大いに気になるところだ。
祭神のオオキビツヒコは孝霊《こうれい》天皇の皇子。社伝によれば3人の家来と共に温羅《うら》という鬼を討って吉備を平定したという。つまり桃太郎伝説の原型である。ちなみに温羅の首は境内の御《お》竈殿《かまでん》の竈の下に埋められているとか。その御竈殿で行なわれる鳴《なる》釜《かま》神事［下左］は上田秋成『雨月物語』の「吉備津の釜」に出てくることでも有名。

拝殿は3面に裳階（もこし）を付け、瓦葺の腰屋根を持つ。内部は、神社建築には稀な垂直性の強い空間となっている。

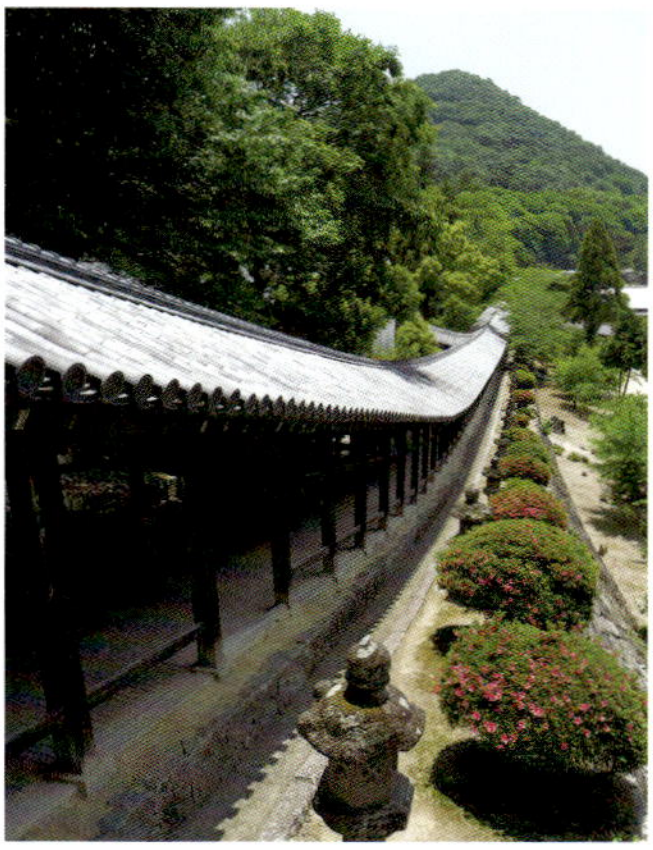

［右］本殿裏手から全長360メートルにも及ぶ廻廊が真っ直ぐに伸びる。
［左］御竈殿における鳴釜神事の情景。神職が祝詞を奏上する間に、阿曾女（あぞめ）という巫女が、玄米を播笥（かいけ）に入れ、蒸籠の中で振ると、スピーカーのハウリングのような重低音が響き渡る。その音の大小長短で吉凶禍福を占う。

岡山県

岡山市北区吉備津931　☎086-287-4111　HPあり
JR吉備線・吉備津駅から徒歩10分

雄渾と繊細、2つの国宝拝殿のある古社

石上神宮《いそのかみじんぐう》

祭神　布都御魂大神《ふつのみたまのおおかみ》
創建　崇神天皇7年（BC91）
社格　式内社（名神大）・二十二社・官幣大社
文化財　国宝＝拝殿、摂社　出雲建雄神社拝殿、七支刀
重文＝楼門　他

神宮という名称も今やインフレ気味だが、古代の文献が神宮と記すのは伊勢の他、鹿島・香取とここ石上ぐらい。当宮は朝廷の武器庫のような存在で、上代には膨大な武器を収蔵していた。そもそも主祭神からして、武神タケミカヅチが所持し、国譲りや神武東征に際して威力を揮った神剣フツノミタマの霊威を神格化したものなのだ。この武器庫兼神社の祭祀を司ったのがヤマト王権の軍事を担う大豪族・物部氏で、当宮は現在も「物部氏の総氏神」を称する。

　ここには名建築紀行で見逃せない国宝物件が2つある。1つは拝殿［左頁上］で、社伝では白河院が宮中の神嘉殿《しんかでん》を寄進したものという。重源が導入した大仏様の影響が見られるなど、実際はもう少し後、鎌倉前

［右］文保2年（1318）の棟木銘が残る楼門。
［左］拝殿奥は剣先状石瑞垣で守られた禁足地になっている。禁足地には写真の神庫の他、大正2年（1913）に建立された本殿が建つ。それ以前は、大神神社などと同様、本殿はなかったという。

期の手が入っているらしいが、朱塗りの太い柱が林立する内部空間［中］は重々しく神々しい。
もう1つは摂社・出雲《いづも》建雄《たけお》神社の拝殿［下］で、かつて当宮の南にあり、廃仏毀釈で消滅した内山永久寺《うちやまえいきゅうじ》の現存する唯一の遺構である。中央に土間《どま》床《ゆか》の通路（＝馬道《めどう》）を設けた割《わり》拝殿《はいでん》という形式で、両翼を広げたすらりとしたプロポーションや住宅風の軽やかな建具が、清澄にして可憐なたたずまいを見せている。

［上］拝殿を正面から見る。豪壮な入母屋造の外観は、むしろ仏堂を思わせる。向拝は近世後期の付加。
［中］拝殿の内観。中世の拝殿には、下の出雲建雄神社拝殿のように軽快な住宅風の建築が多く、このように重厚さを追求するのは珍しいという。
［下］石上神宮の摂社・出雲建雄神社の拝殿。簡素な中にも、細部まで神経の行き届いた建物である。ぐるりが壁ではなく引違いの格子戸になっている点も軽やかな印象を与える原因か。正安2年（1300）の改築で現在の姿になったと考えられている。

天理市布留町384　☎0743-62-0900　HPあり
JR桜井線他・天理駅から車10分

最も古い「神明造」の簡素に打たれる

仁科神明宮《にしなしんめいぐう》

最古セレクション 1

祭神 天照皇大神《あまてらすすめおおかみ》
社格 県社
文化財 国宝＝本殿、中門
重文＝木造棟札27枚 他

一帯が伊勢神宮（16〜19頁）の荘園（仁科御厨《みくりや》）であったことから、平安時代に神宮の分社が設けられたのがここ仁科神明宮の起源である。境内はひっそりとして華美なところは1つもなく、簡素な社殿と背後に鬱蒼と生い茂る古木が、北アル

［左］左の建物が本殿、右が中門。本殿と中門を釣屋（つりや）が繋ぐ。本殿の鰹木は伊勢神宮内宮正殿10本、外宮正殿9本に対し、こちらは6本。また伊勢の屋根は茅葺だが、こちらは檜皮葺である。

［上］階段の上にあるのが三の鳥居。その奥に社殿の屋根が見える。境内に続く宮山には杉や檜の巨木が林立し、厳かな雰囲気を醸し出す。

プスを仰ぐ高原の空気をさらに清爽なものにしている。神宮に倣い、本殿・中門《ちゅうもん》［4頁／上］は神社建築の中でも古い形式とされる神明造（１１０～１１１頁参照）。かつてはやはり20年毎に式年造替が行われていたが、寛永13年（１６３６）を最後に途絶え、結果的に現存する神明造としては最も古い。破風板《はふいた》がのびてそのまま千木となるさまや、妻に壁から独立した棟持柱《むなもちばしら》があるところなど、古式ならではの構造美を堪能できる。

式年造替にあたる年にはいまも大祭が行われ、次回は平成31年。なお式年造替のたびに奉献された棟札が、最初の永和2年（１３７６）以降、１枚も欠けることなく保存されていて、宝物収蔵庫にずらりと並ぶさまは圧巻である。

長野県

大町市社宮本1159　☎0261-62-9168　HPあり
JR大糸線・信濃大町駅から車15分

最古の「大社造」に満ちる古代出雲の神気

神魂神社《かもすじんじゃ》

最古セレクション2

祭神　伊弉冊尊《いざなみのみこと》
社格　県社
文化財　国宝＝本殿
重文＝末社　貴布祢稲荷両神社本殿

緑に囲まれた石段の先に現れる本殿［下］は、現存最古の大社造。その姿には古代出雲の神気が満ち、見る者を圧倒する。それもそのはず、神魂神社はかつて、出雲大社宮司を務める国造家の代替わりに際しての重要儀式である神火相続が行われる私斎場として使われ、後に神社の形態となったと考えられているのだ。

高床は大社造の特徴の1つだが、中でも神魂神社は天井高と床高がほぼ等しく、床高の比率は出雲大社より大きい。そのほか柱間寸法に比べ柱の径が大きい点や、宇豆柱《うずばしら》（梁間中央の柱）が壁から著しく張り出している点が、大社造の古式に則ったものとされている。本殿左手の末社は、二間社流造でこちらも全国的に珍しい。

神魂神社本殿の創建は南北朝時代。質実剛健な外観とはうってかわって、内部は華やかに彩色されているという。

松江市大庭町563
JR山陰本線・松江駅から車15分

島根県

隠岐の島独特の威風に富んだ「隠岐造」

水若酢神社《みずわかすじんじゃ》

祭神　水若酢命《みずわかすのみこと》
社格　式内社（名神大）　隠岐国一宮・国幣中社
文化財　重文＝本殿

古事記の国生み神話で、3番目に登場する隠岐。大小180もの島々から成るうち、最大面積を誇る島後《どうご》に鎮座するのが、水若酢神社である。祭神のミズワカスノミコトは記紀には登場しない地方神だが、延喜式の「水若酢命神社」という記載から古い神格であることは間違いない。隠岐を開発し、五穀豊穣と日本海鎮護を司った神とされている。

本殿［左］は、切妻造の妻入りで、屋根が厚く葺かれ（当社は茅葺）、高床である点など大社造に似る。しかし、正面中央に入口を設ける（大社造は片側に寄る）、神明造のように正面が側面より長い（大社造は正方形に近い）、春日造のように向拝を取り付ける、など相違点もある。威風に富むこの様式は隠岐造《おきづくり》と呼ばれ、当地独自の発展様式である。

社地一帯は古墳の密集地であり、寛政7年（1795）造営の本殿も、前方後円墳の後円部に建つ。古典相撲でも知られる隠岐諸島。水若酢神社でも新嘗祭で奉納相撲が行われる。

島根県

隠岐郡隠岐の島町郡723　☎08512-5-2123
境港港から高速船1時間半、「西郷港」下船、車25分

瑞垣の中に入れていただき
優美な建築を近くで拝観しよう

宇太水分神社《うだのみくまりじんじゃ》

最古セレクション 3

祭神　第一殿　天水分神《あめのみくまりのかみ》
第二殿　速秋津彦命《はやあきつひこのみこと》
第三殿　国水分神《くにのみくまりのかみ》
創建　崇神天皇7年（BC91）
社格　式内社（名神大）・県社
文化財　国宝＝本殿3棟
重文＝摂社 春日宗像両神社本殿

水流の分配を司るのが水分《みくまり》の神。当社は、飛鳥地方から見て東西南北に置かれた4つの水分神社（宇太、葛木《かつらぎ》、吉野、都祁《つげ》）のうち東に当たる。水田耕作にとって用水の確保が決定的に重要なことは言うまでもない。芳野川と四郷《しごう》川の合流点に程近い古市場《ふるいちば》の集落に所在する本社の位置は、そうした祭神の性質にごくふさわしいと言えるだろう。

宇太水分神社は、その社殿の優秀さで建築好きにはつとに知られている。高さ約1・5メートルの壇上に廻らせた瑞垣から3つの本殿と2つの摂社が顔を出すが、特に同形同大の3棟の本殿が高々と千木を上げて1列に並ぶさまは、整列した儀仗兵

のような凛々しさだ［上］。

本殿はいずれも鎌倉時代末、元応2年（1320）の造営。建造年が確実なものとしては最古の隅木《すみぎ》入《いり》春日造である。当社の本殿は、春日大社などの古様な春日造に比べ、庇の垂木の間隔を密にし、柱の上にも複雑な組物を置くが、そのためには隅木を導入する必要があった（114〜115頁参照）。

簡素だった本殿建築が装飾的で華やかな方向へと向かう——あたかも建築史上の分水嶺に位置するかのような建物である。

瑞垣内に横1列に並ぶ社殿。左から本殿第三殿、同第二殿、同第一殿、摂社・春日神社（室町中期）、摂社・宗像神社（室町末期）。

奈良県

宇陀市菟田野古市場245　☎0745-84-2613　HPあり
近鉄大阪線・榛原駅から車20分

全ての神社建築の中で現存最古の本殿

宇治上神社《うじかみじんじゃ》

最古セレクション 4

祭神　菟道稚郎子《うじのわきいらつこ》　応神天皇《おうじんてんのう》　仁徳天皇《にんとくてんのう》
社格　村社
文化財　国宝＝本殿、拝殿／重文＝摂社　春日神社本殿 他

法隆寺、薬師寺、唐招提寺など7～8世紀のものが残る寺院建築に比べ、神社建築にそこまで古いものはない（11頁4参照）。宇治上神社の本殿が現存最古で、ぐっと下った平安後期、11世紀後半の建造。11世紀後半で宇治となると、天喜元年（1053）完成の平等院鳳凰堂を思い出さざるをえないが、実際、当社は平等院とは宇治川を挟んだ対岸に位置し、鳳凰堂に参拝した天皇・貴族がこちらに足を延ばすこともしばしば。

五間社流造の本殿［右］はじつに優美で、3柱の祭神に対応して一間社流造の内殿3棟を格納する。鎌倉時代の拝殿［155頁上］もすばらしく、縋破風《すがるはふ》の屈曲を帯びた屋根は今しも飛び立とうと拡げられた鳥の羽のようだ。

宇治上神社は、太子に指名されながら兄・仁徳天皇に皇位を譲って自殺したウジノワキイラツコとその父・応神天皇との、哀しくも美しい物語を秘めている。

宇治市宇治山田59　☎0774-21-4634
京阪宇治線・宇治駅から徒歩10分

どこか「住まい」の風情のある本殿。なるほど、神の住まいには違いないのだが。写真左端にのぞいているのは拝殿で、天文8年（1539）に毛利元就が寄進したもの。

住吉神社《すみよしじんじゃ》

5つの千鳥破風を掲げる、大内文化のもう1つの精華

祭神
第一殿　住吉大神《すみよしのおおかみ》
第二殿　応神天皇《おうじんてんのう》
第三殿　武内宿祢命《たけのうちすくねのみこと》
第四殿　神功皇后《じんぐうこうごう》
第五殿　建御名方命《たけみなかたのみこと》

社格
式内社（名神大）
長門国一宮・官幣中社

文化財
国宝＝本殿
重文＝拝殿、銅鐘　他

本州最西端、下関の住吉神社は、創建について日本書紀に記述がある希有な神社の1つに数えられる。住吉大神の託宣に従って三韓征伐をなしとげて凱旋する神功皇后に、「私の荒魂《あらみたま》を長門の山田邑《むら》に祭れ」と大神が再び託宣したというのだ。

現本殿は南北朝時代の武将・大内弘世が応安3年（1370）に造営した。横長の屋根に5つの千鳥破風を乗せた姿［上／116頁上］は一見、連棟式の春日造を思わせるが、実際は九間社流造。神座のある5つの社殿を4つの相間《あいのま》でつなぎ、千鳥破風は、それぞれの社殿の上に置かれている。

中世の大内文化を偲ばせる遺構というと、山口市の瑠璃《るり》光寺《こうじ》の国宝五重塔が名高いが、それに劣らぬ威風と優美さを兼ね備えた名建築だ。

山口県
下関市一の宮住吉1-11-1　☎083-256-2656
JR山陽本線他・新下関駅から車6分

弁才天の島に残る伏見城の遺構

都久夫須麻神社

つくぶすまじんじゃ

湖国の名建築 1

祭神　市杵島比売命《いちきしまひめのみこと》
宇賀福神《うがふくじん》
浅井比売命《あざいひめのみこと》
龍神《りゅうじん》

社格　式内社・県社

文化財　国宝＝本殿

琵琶湖に浮かぶ竹生《ちくぶ》島《しま》。ここに鎮座する都久夫須麻神社の本殿はじつに奇妙な建物だ。永禄10年（1567）竣工の建物の内側に、その三十数年後、本来全く無関係な別の建物を持って来てはめ込んだというのだから。

下の写真でびっしりと彫刻が施されているのが、後からはめ込まれた建物。移築されたのは伏見城の日《ひ》暮《ぐらし》御殿で、施主は豊臣秀頼だ。ほとんどの参拝者は気づかないようだが、菊、牡丹、鳳凰などの彫刻はなんとも活き活き。この奇妙な入れ子建築は、当時、宝厳寺《ほうごんじ》の弁才天社だった。しかし、神仏分離令により寺と切り離され、延喜式には載るものの所在不明になっていた都久夫須麻神社の本殿として新たな歴史を刻み始めたのである。

［上］竹生島港へとフェリーが近づき、都久夫須麻神社が見えてきた。左側が本殿で右側が拝殿。［左］本殿の身舎として移築された伏見城の日暮御殿は、秀吉が後陽成天皇を迎えるためにしつらえたと言われる部屋。元・豊国廟との説もあり。

長浜市早崎町1821　☎0749-72-2073　HPあり
今津港、長浜港からフェリー30〜40分、「竹生島港」下船、徒歩5分

滋賀県

近江富士・三上山を仰ぐ、
優雅な寺院風の本殿

御上神社《みかみじんじゃ》

湖国の名建築 2

祭神 天之御影大神《あめのみかげのおおかみ》
創建 孝霊天皇6年（BC285）
社格 式内社（名神大）・官幣中社
文化財 国宝＝本殿（附 厨子1基）
重文＝拝殿、木造狛犬 他

新幹線や高速道路の車窓から、一目でそれとわかる三角錐の神奈備山、三上山《みかみやま》。「近江富士」とも称されるこの端麗な山の頂に、孝霊天皇の時代に降臨したアメノミカゲノオオカミを、藤原不比等が山の西麓の現在地に遷座したと社伝は言う。

門前から境内を望むと、楼門、拝殿、本殿それぞれの入母屋造檜皮葺の屋根の、筆先でぴんと跳ねたようなエッジの効いた反りが美しく重なる［上］。

鎌倉時代の建立という本殿は国宝。白い漆喰の外壁や、そこに穿たれた連子窓は、一見、お寺のお堂を思わせ、寺院建築と神社建築とが融合した独自の様式として「御上造《みかみづくり》」の名で呼ばれている。早朝、南面する社殿の東側に、太陽を頂く神体山の山巓《さんてん》が望まれた。

［上］棟の上に千木と鰹木を乗せた中央の建物が本殿。その向かって左側の摂社・若宮神社には、155頁下でズームインしています。右手前の拝殿（神楽殿のようだが）の上に顔をのぞかせているのは三上山。

滋賀県

野洲市三上838 ☎077-587-0383 HPあり
JR琵琶湖線・野洲駅から車10分

楼門と回廊は共に室町末期の建造で重要文化財。

回廊が囲む境内は、芸能舞台さながら。
正面の建物は拝殿。本殿は116頁に掲載。

中世の甲賀にタイムスリップできる蒼古たる境内

油日神社《あぶらひじんじゃ》

湖国の名建築 3

祭神　油日大神《あぶらひのおおかみ》
社格　県社
文化財　重文＝本殿、拝殿、楼門、回廊2棟

参道入り口前に広がる田んぼの脇に、四角く窓を開けた小さな祠があって、正面に立つと、窓の向こうに神体山の油日岳《あぶらひだけ》が望まれる。アブラヒノオオカミが降臨し、光明を発したと伝わる山頂には、奥宮として岳《だけ》大明神が祀られており、油日神社は里宮にあたる。

門の前には細い水路が走り、清々しい水音が絶えない。楼門を中心にコの字型に境内を囲む回廊［右頁2点］は、戦国たけなわの永禄9年（1566）に建造されたもの。土間ではなく板張りの床なのが、回廊としては珍しく、面白い。祭りの後には、今でもこの回廊に氏子が集い、直《なお》会《らい》の宴が催されるという。地元はもちろん、「油日」という社名から、全国の油脂関連の業者からの信仰を集めている［右］。

白洲正子が名著『かくれ里』の冒頭で紹介した「福太夫の面」や「ずずい子」の木人形は、神社に隣接する甲賀歴史民俗資料館で拝観できる。本殿の脇障子《わきしょうじ》にほどこされた舞楽の浮彫も含め、この神社が芸能と深い関係があることが窺える。芸能といえば、近年では『大奥』や『信長協奏曲』など映画のロケ地になることも多いと言う。時が止まった（それも中世で）かのような静謐な環境が、映画人たちをもひきつけるのだろうか。

社名のゆえに、全国の油脂関連業者の信仰を集める。奉納された製品の数々。

滋賀県
甲賀市甲賀町油日1042　☎0748-88-2106　HPあり
JR草津線・油日駅から車10分

熊本県初の国宝は
茅葺屋根の桃山建築

青井阿蘇神社

左（＝南）から順に楼門、拝殿、幣殿、廊、本殿と、国宝建築物が一直線にならぶ。屋根は楼門、拝殿、幣殿が茅葺、廊と本殿は銅板葺（本殿は元は板葺）。大雨の平日も参拝客が途絶えることはなく、カメラの後ろ側では悪ガキたちが泥んこ遊びに興じていました。

ローカル色豊かな建築群が素朴に華やぐ

青井阿蘇神社《あおいあそじんじゃ》

祭神　健磐龍命《たけいわたつのみこと》
阿蘇津媛命《あそつひめのみこと》
國造速甕玉命《くにのみやつこはやみかたまのみこと》
創建　大同元年(806)
社格　県社
文化財　国宝＝本殿、廊、幣殿、拝殿、楼門

1 高さ15メートルの寄棟造の楼門は堂々たる風格。千木は竹製！　2 拝殿は、向拝の唐破風だけが銅板葺になっている。3 拝殿内は3室に分かれる。こちらは向かって左側の神楽殿。毎年10月8日にはここで球磨神楽が奉納される。4 幣殿から廊の向こうの本殿を望む。廊の左右の持ち送りに取り付けられた浅彫の龍は、向かって右が刀を、左が梵鐘を巻き込んでいる。一対の木造獅子は、珍しくたてがみがさらさらストレート。5 本殿を斜め後ろから見上げる。赤漆塗のX字型の桟には、邪悪なものが入るのを防ぐ役割があるとも考えられる。

地元では、親しみをこめて「青井さん」と呼ばれている。茅葺屋根の大らかでやさしい表情の神社だ。創建は9世紀初頭で、阿蘇神社（202～203頁）の神主が神託を受け、当地・球磨郡人吉地方の青井郷に阿蘇神社の祭神12柱のうち3柱を祭ったのが始まりという。平成20年（2008）に熊本県初の国宝指定を受けた本殿、廊、幣殿、拝殿、

楼門の5棟［前見開き／右頁3点／左2点］は慶長15～18年（1610～13）に造営されたもので、鎌倉初期から明治維新までおよそ700年にわたりこの地を治めた相良《さがら》一族の20代目当主・長毎《ながつね》と重臣の相良清兵衛頼兄《よりもり》の発起によるものだった。

建物は黒漆塗りを基本に、木組の細部に赤漆を使う。一見無骨のようでいて、じつは細かいデザインに凝っている。たとえば楼門の軒下の鬼面や、幣殿の欄間に見られる迦陵頻伽の透彫《すかしぼり》、花鳥風月や霊獣を象った薄肉彫《うすにくぼり》など［上］。かつては極彩色だった彫刻は経年変化で色褪せているけれど、かえっていい味を出している。本殿の側面と背面に打たれたX字型の赤い桟は補強材には細すぎるから、おそらくデザイン上の処理なのだろう［下］。

独特の地元色に華やかな桃山様式を採り入れたスタイルは、ほっこりと新鮮だ。その後の南九州の社寺建築の手本となったという。

4

5

熊本県

人吉市上青井町118　☎0966-22-2274　HPあり
JR肥薩線・人吉駅から徒歩5分

ギリシャ神殿のような列柱の美学

新宮熊野神社《しんぐうくまのじんじゃ》

祭神　中央殿　速玉男命《はやたまのおのみこと》
伊弉冊尊《いざなみのみこと》
右殿　事解男神《ことさかのおのかみ》
伊弉冊尊《いざなみのみこと》
左殿　伊弉冊尊《いざなみのみこと》
菊理姫神《くくりひめのかみ》

創建　天喜3年（1055）

社格　県社

文化財　重文＝長床、銅鉢

ここを訪れると、誰しも本殿の下方に建てられた長床《ながとこ》［上2点］に魅せられるだろう。壁もなく太い柱だけが整然と立ち並ぶさまに、荘厳な空気が漂う。間口27メートル、奥行き12メートルの茅葺の建物で、直径45センチもある円柱44本が約3メートルの間隔で10列×5列にずらりと並ぶ。

神社の創建は平安後期で、栄枯盛衰を繰り返した。長床も建築の技法から平安後期～鎌倉初期には建立されていたとみられるが、江戸時代に一度大地震で倒壊している。旧材を使って再建されるも、ひとまわり縮小されてしまったようだ（それでも十分大きいが）。昭和38年（1963）に国の重要文化財に指定された後、解体修理工事を施され、現在の姿に修復された。

［右］長床は拝殿にあたり、以前は修験者の道場でもあった。
［左］黄葉の名所としても知られ、晩秋には、境内にある樹齢800年ともいわれる御神木の大銀杏がライトアップされる。

喜多方市慶徳町新宮字熊野2258
☎0241-23-0775（新宮地区重要文化財保存会）
JR磐越西線・喜多方駅から車10分

福島県

日本の屋根を極めた
幕末の傑作社殿

大瀧神社《おおたきじんじゃ》

祭神　国常立尊《くにとこたちのみこと》
伊弉諾尊《いざなぎのみこと》
創建　養老3年(719)
社格　県社
文化財　重文=本殿・拝殿

本殿(左側)と拝殿の連結部分を横から見ると、破風板の下部には鳥を象った彫刻が。この神社、拝殿正面や本殿の側面・背面に細かい彫刻がびっしりと施されているのも見どころです。

こちらの写真は屋根の一部なので、あらためて扉[1頁]でその全貌をご覧ください。一段高くなった本殿の屋根を頂点に、一気になだれ落ちてくる屋根の波は圧倒的。静かな越前和紙の里に、こんなかっこいい神社があったとは! 造営は天保14年(1843)、名棟梁・大久保勘左衛門の手による社殿は、技術の粋を集めた型破りな造形への挑戦だったに違いない。流造の本殿と入母屋造妻入りの拝殿を屋根で連結[上]した複合社殿は、中央部の丸みを帯びた唐破風と尖った千鳥破風のポリフォニーが躍動感を盛り上げる。

紙祖神《しそじん》を祭った山頂の奥の院からは、春と秋に神輿が降りてきて、ここで神と紙の祭りが繰り広げられる。この社殿、近い将来、国宝になること間違いなしと、編集子は信じています。

福井県　越前市大滝町23-10　☎0778-42-1151
JR北陸本線・武生駅から車20分

Lecture 1

知りたい！神社の見方

案内する人 米澤貴紀

神社の中枢は神が鎮まる宮殿である「本殿」。地方性や時代毎の特色も豊かで、建築としていちばんの見どころとなる。が、古い歴史を誇る規模の大きな神社ほど、本殿は参拝者の目に触れにくい構造になっていることもしばしば。寺院の堂塔にくらべて建物として意識されにくいゆえんだが、それではあまりにもったいない。知れば神社の楽しみがグッと広がる神社建築のABCを、気鋭の建築史家に教えていただきました。

まずはおさらいから。
神社には何がある？

図版作成：atelier PLAN

1 鳥居 とりい

最初に目に入るのは鳥居です。神域を結界し、そこが神社であることを示すアイコンの役目を果たします。参道に複数の鳥居を立て、境内中心部へ向けて神聖さのヒエラルキーを上げてゆく演出がなされることも珍しくありません。

2 摂社・末社 せっしゃ・まっしゃ

主祭神を祭る本殿の他に、境内のあちこちに摂社や末社と呼ばれるお社があります。主祭神と関係する神（天満宮なら菅原道真の一族など）を祭ったり、維持が困難になった神社を地域の有力な神社に統合したりと、由緒も規模もさまざまです。

3 手水舎 てみずや

吹き放ちの建物に、石造の水盤を据える場合が多いですね。手を洗い口をすすぎ、身を清めるための施設。かつては神域を流れる小川や泉で同じことをしていたのでしょう。伊勢神宮では今も五十鈴川に御手洗《みたらし》場を設けています。

4 狛犬 こまいぬ

境内を守護する魔除けの彫刻です。元来は木造で、本殿の扉の前や拝殿の奥、つまり祭神にごく近い位置にいたのが、室町時代以降、石造のものを参道にも設置するようになりました。

5 門 もん

平屋の簡素なものから立派な二階建の楼門まで形態はいろいろながら、建築的には寺院の門と全く同じ。門内に仁王像を置けばお寺の門に、随身《ずいじん》（武装した守護神。随神とも）の像を置けば神社の門になります。

6 回廊 かいろう

門と同様、仏教の影響によって加わった施設です。神仏習合時代には、仏僧が読経をしたり、参拝者がおこもりをしたりする場所としても使われました。

7 神楽殿・舞殿 かぐらでん・ぶでん

吹き放ちの建物で、祭礼の折りに舞楽を奏演するなどして神に奉納します。中世以降、芸能や儀礼が整備されると共に生まれた施設です。

8 宝庫 ほうこ

古い大きな神社には、神が使う調度である神《じん》宝《ぼう》を収めるための倉があります。伊勢神宮の正《しょう》宮《ぐう》は、正殿《しょうでん》と東西2つの宝殿《ほうでん》で構成されています。石上神宮や住吉大社の宝庫も立派なものです。

9 拝殿 はいでん

礼拝のための施設であり、神事の場ともなります。小さな神社には拝殿がなく本殿を直接拝むところも多い一方、外拝殿《げはいでん》・内拝殿《ないはいでん》と拝殿が二重になっていることも。ある程度以上の規模の神社では、一般参拝者は拝殿の外側から礼拝する場合がほとんどでしょう。

10 本殿 ほんでん

神が鎮座する、最も重要な建物です。しかし、拝殿の奥にあり、しばしば垣や塀で囲われていることもあって、その存在を意識していない参拝者もいるでしょう。

本殿建築を見る前に このポイントを 押さえておこう

ひと通り、神社の境内にある建物を見てきました。この他にも奉納された絵馬を掲げる絵馬殿《えまでん》や神馬《しんめ》のいる神馬舎《しゃ》（たいていは馬の彫刻を置く、稀に本物の馬を飼う例も）が設けられている神社もあります。

神社の中核となる建物を社殿と言い、イコール本殿を意味することも多いですが、さらに拝殿や、拝殿と本殿の間に置かれることのある幣殿《へいでん》（幣帛を捧げるための建物）などを含めても言います。

社殿のうち拝殿・幣殿は人が中に入って活動する建物ですから、神社により時代により、機能に応じて必要な形で建てられます。これに対して本殿は神の住まい、神の占有空間なので基本的には中に人が入ることはありません

図版作成：
atelier PLAN

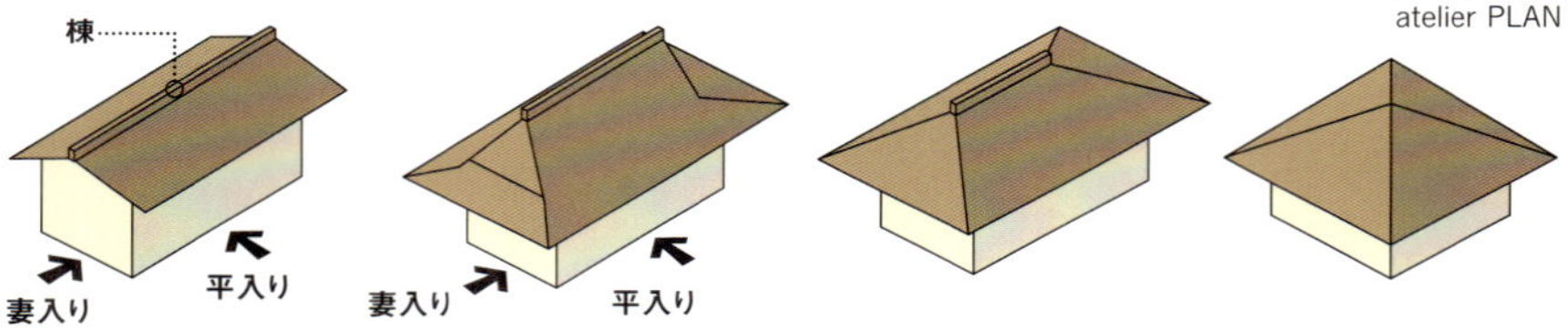

○ **切妻造《きりづまづくり》**
神社本殿に古来、最も多用される。寺院では金堂、講堂など格の高い建物には用いられない。

○ **入母屋造《いりもやづくり》**
寺院の金堂や講堂で最も一般的な形式。平安後期以降、神社本殿にも用いられるようになる。

✕ **寄棟造《よせむねづくり》**
仏教寺院では格の高い形式であるが、神社本殿には用いられない。

✕ **方形造（宝形造）《ほうぎょうづくり》**
法隆寺夢殿などの形式であるが、神社本殿には用いられない。

（外陣《げじん》など人が入る場所が造られる場合もあります）。従って比較的小規模な建物が多く、それを外側から拝む観点からさまざまな形態や装飾が生まれました。機能性を求められない結果、比較的新しい時代の再建であっても、しばしば非常に古い形式を保存していると考えられています。そこが本殿建築の大きな魅力なのですが、それを味わうためにはまず建物形式の分類を知らなくてはなりません。分類の基準となるのはずばり屋根の形です。

日本建築の屋根は、上の図のように切妻造《きりづまづくり》、入母屋造《いりもやづくり》、寄棟造《よせむねづくり》、方形造《ほうぎょうづくり》の4種類に大別されます。さらに棟と並行する側を平《ひら》と言いこちらが正面の建物を平入り、棟と直交する側を妻《つま》と言いこちらが正面の建物を妻入りと呼びます。神社本殿では妻が切り落としになった切妻造が最も基本的な形で、入母屋造の本殿が現われるのは平安後

期、一般化はさらに遅くなります。また、寄棟造、方形造は神社本殿には用いられません。逆に、大寺院の金堂や講堂には切妻造は用いられません。

もうひとつ、古代の日本建築の構造で承知しておいていただきたいのは、それが身舎《もや》（母屋）という中心部分と、その周囲に付け加えられる庇《ひさし》と呼ばれる空間から成っていることです。庇を付けない身舎だけの建物もありますし、1面だけに庇を付ける、2面3面に付けるというふうにして最大4面に付けることができます。庇を付けて平面を広げたら、その方向に屋根を伸ばすことになります。そこで屋根をどう伸ばし、綺麗に納めるかの工夫が生まれ、建物の形が決まってゆくのです。

日本建築の基本構成──身舎と庇

平安〜室町時代には、建物の規模は間面《けんめん》記法《きほう》で表された。身舎の桁行が三間《さんけん》（柱の間が3つ）でその一方に庇が付けば「三間一面」、同じく二方に庇が付けば「三間二面」、三方なら「三間三面」という具合である。身舎の梁間は通常は二間と決まっており原則的に表示しなかった。

梁間方向の断面図

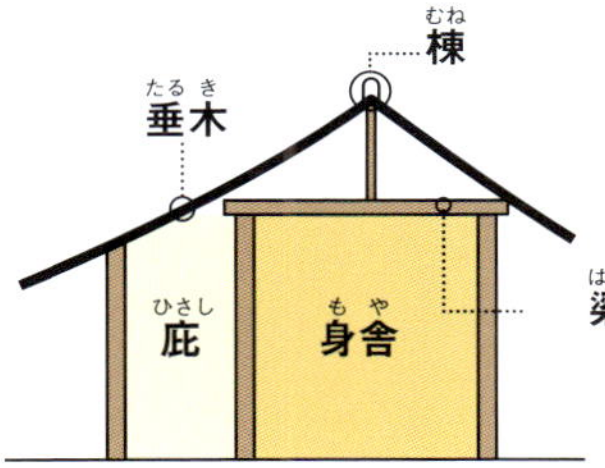

三間一面の建物の例（平面図）

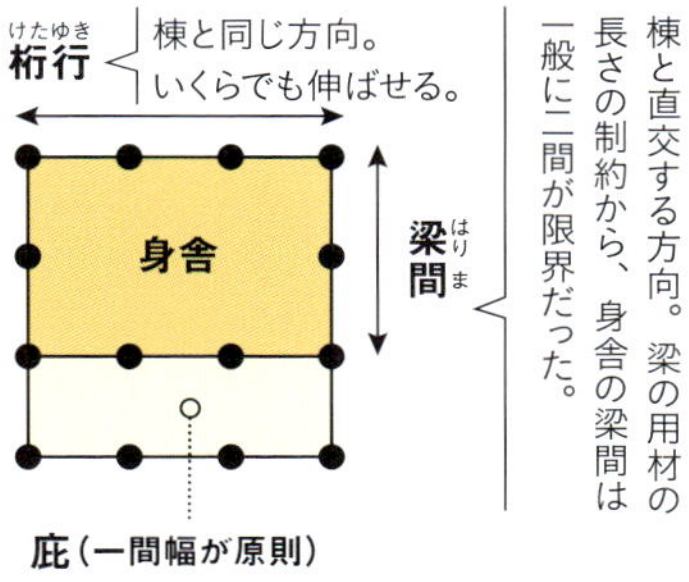

三間四面の建物の例（平面図）

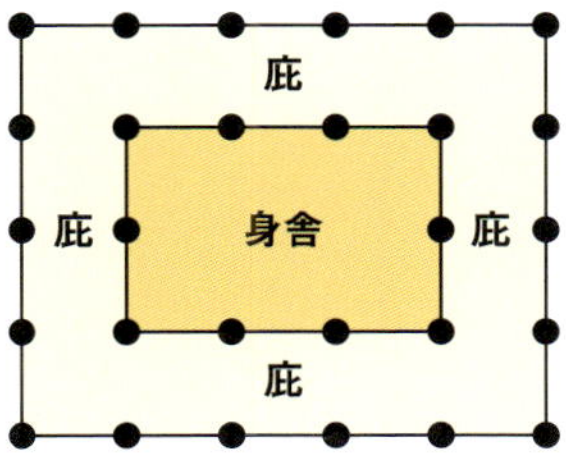

三間二面の建物の例（平面図）

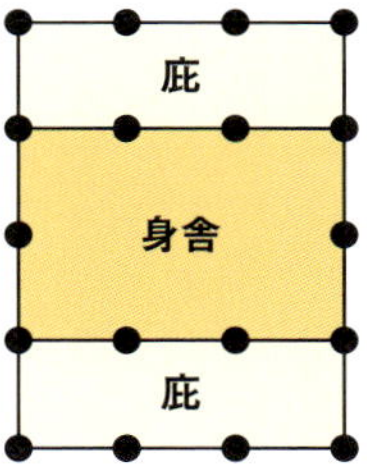

原始の美

神明造《しんめいづくり》

伊勢神宮　16〜19頁
仁科神明宮　4／88〜89頁 他

神社に社殿が造られるようになった画期は一応7世紀、特に天武・持統朝の頃と考えられます。なぜこの時代に社殿の創建が進んだのか。理由のひとつは人格神化の進行でしょう。純然たる自然崇拝の念から山の神や海の神を祭るのであれば、必ずしも社殿は必要ない。神もまた人間と同様の名前と人格を持つ存在であるとの意識が生まれた時にはじめて、神さまの住まいも人間の住まいと同じようにお造りしようという機運が生じたのではないか。天武・持統朝は、8世紀初頭に古事記・日本書紀として結実する神話の整理・編纂が進められた時代です。土地土地で祭られていた神が、神々の系譜や物語の中に位置づけしなおされる中で、例えばそれまで漠然たる水の神だったものがミツハノメという固有名詞を持つ人格的存在として感じられるようになっていったのでしょう。また、この時期に始まる官社制（朝廷が有力神社を掌握、奉幣を行う制度）が大きな意味を持ったと考えられます。

伊勢神宮の最初の遷宮は、まさにその持統天皇の時代に行われ、戦国時代に一時中絶したのを除けばそのまま現在まで続いています。内宮・外宮の正殿（＝本殿）の形式は、桁行三間×梁間二間の切妻造の平入り。身舎だけで庇は付きません。とにかくシンプルかつプリミティヴで、最も古式を残す形式のひとつとされます。屋根は茅葺、柱や壁は素木《しらき》のままで色を塗らず、装飾的な要素も高欄の居玉《すえだま》などごくわずかで、建物の構造そのものの美しさが見どころです。特に礎石を置かない太い掘立柱は、まるで地面から生えてきた

仁科神明宮の本殿。棟持柱が存在し、破風板がそのまま千木となるなど神宮正殿と共通する特徴の一方で、鰹木は6本、高欄の飾りは居玉ではなく擬宝珠（ぎぼし）といった違いもある。

　さかたしげゆき　イラストレーション(p111-117)

ようで非常に力強い。建物を支え、構築する意志がみなぎっています。

神宮正殿の形式を「神明造」と言います。近世以前は神宮内の別宮や摂社・末社と各地の社領に置かれた分祠に見られる程度でさほど広がりがある形式ではありませんでした。しかし明治以降、国家神道として神道の中央集権化が進む中で、最も格の高い伊勢神宮の建て方だからと社殿新築の際に採用されることも増えたため、現在では珍しくありません。ただ、近代以降の神明造はデザイン的にはちょっと野暮ったいものが見られますね。

現存最古の神明造は、仁科神明宮の本殿[右頁]。屋根は茅葺ではなく軽快な檜皮葺ですし、伊勢の正殿ほど原始的なイメージではないですが、やはりその際立った簡素さが強い印象を残す建物です。

伊勢神宮 内宮正殿に基づき作図

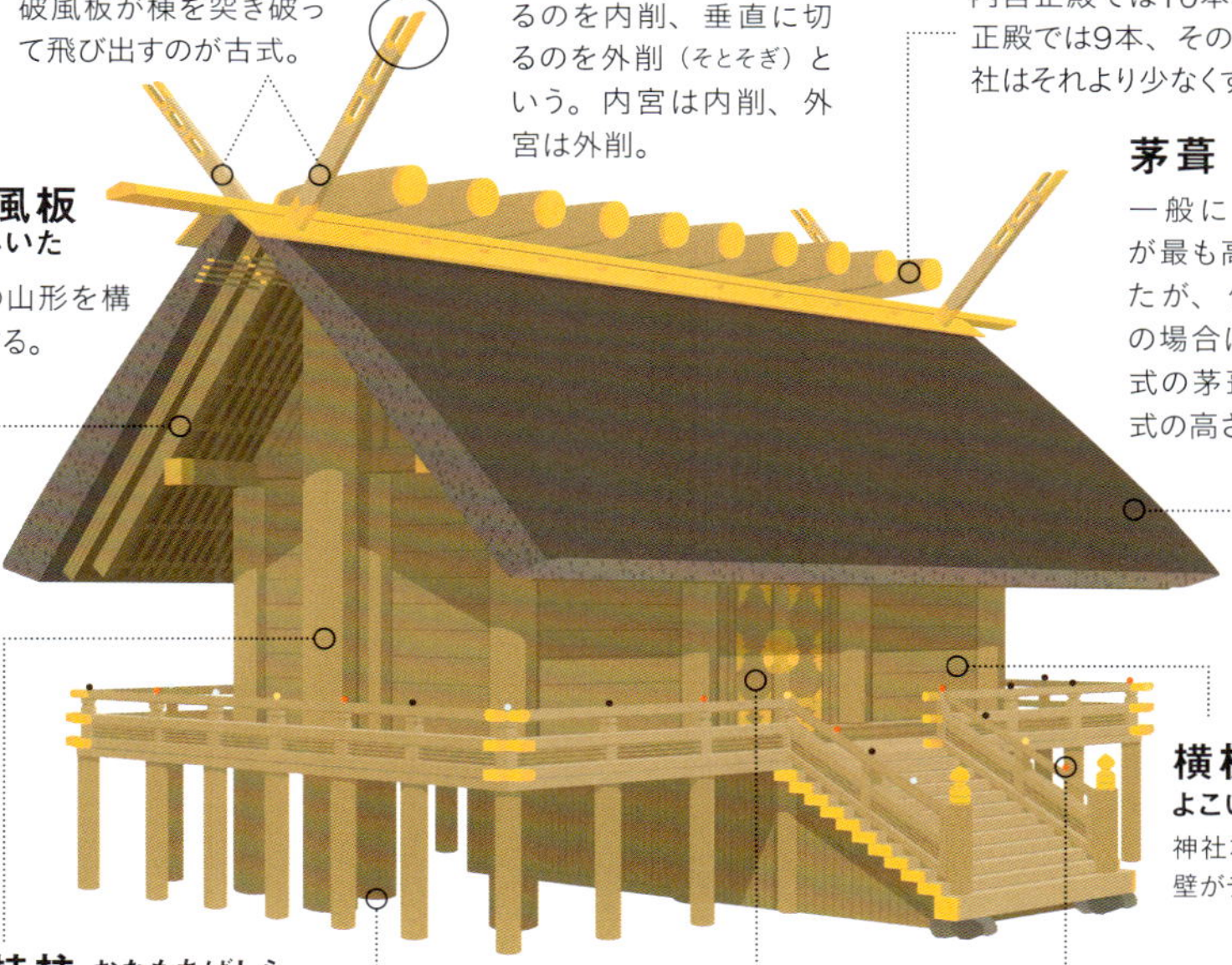

千木 ちぎ
破風板が棟を突き破って飛び出すのが古式。
内削 うちそぎ
千木の先端を水平に切るのを内削、垂直に切るのを外削（そとそぎ）という。内宮は内削、外宮は外削。
鰹木 かつおぎ
内宮正殿では10本、外宮正殿では9本、その他の神社はそれより少なくする。
破風板 はふいた
妻の山形を構成する。
茅葺 かやぶき
一般には檜皮葺が最も高級とされたが、伊勢神宮の場合はあえて古式の茅葺として格式の高さを示す。
横板壁 よこいたかべ
神社本殿は横板壁がデフォルト。
棟持柱 むなもちばしら
直接、棟を支える柱。壁から独立している。
掘立柱 ほったてばしら
礎石を置かず、直接地面に柱を立てる。
板扉 いたとびら
神社本殿の正面には、外開きの板扉2枚を吊るのがデフォルト。開閉の際の軋り音が、神事の所作の合図ともなる。
居玉 すえだま
唯一の彩り。前回、前々回の遷宮では七宝製だったが、今回は色漆の焼付けとなった。また、前回までは周囲に火炎が付いていたが、今回からはそれが無くなった。現在でも正殿の姿がどうあるべきかの追究は続いている。

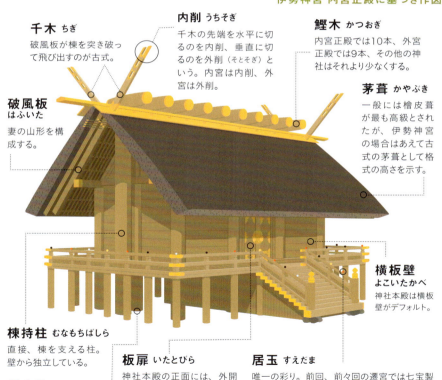

オオクニヌシの宮殿
大社造 たいしゃづくり

出雲大社 **20〜23頁**
神魂神社 **90頁** 他

神明造と並んで古式を伝えるのが大社造。やはり切妻造で身舎のみからなりますが、神明造の平入りに対してこちらは妻入りです。桁行二間×梁間二間と平面がほぼ正方形なのがまずはユニーク。柱間が偶数なので入口が左右どちらかに片寄り、シンメトリが崩れるのも神社本殿では珍しい。代表作である出雲大社の場合、こうした形式性に加えてさらに特徴的なのは雄大なスケール。柱など個々の部材も構造耐力の必要を超えて太いものを使い、量塊性を強めている。一方で屋根にはわずかに反りがあり、重厚さのうちに優美さも湛えています。現本殿も神社建築

としては最大の高さを誇りますが、古代中世にはさらに倍近い高さだった可能性もある。

オオクニヌシという神さまのすごさを端的に表し、畏敬の念を抱かせるような建築を目指しているのは明らか。大社造は出雲地方周辺にのみ見られ、水若酢神社[91頁]などの隠岐造もその変化形と思われます。

出雲大社本殿に基づき作図

棟の上にX字型の部材を乗せた置千木（おきちぎ）。じつはこれが一般的。

出雲大社本殿は例外的に縦板壁。

非常に床が高く、出雲大社本殿では高さ6メートル近い。

入口が左右どちらかに片寄る。

階隠（はしかくし）は身舎の屋根と一体化していない。春日造や流造、隠岐造の向拝と異なる点だ。

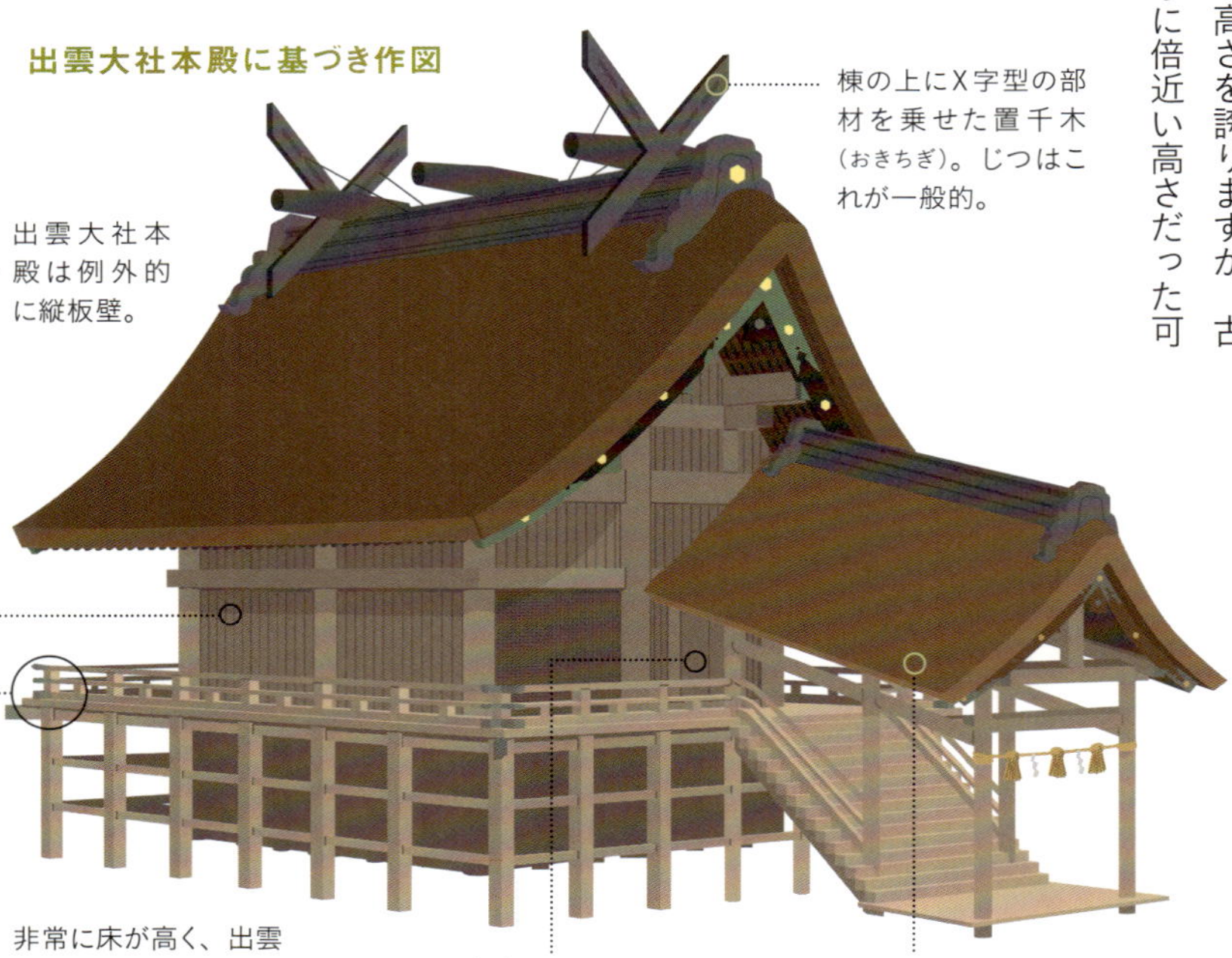

もうひとつの最古形
住吉造《すみよしづくり》

住吉大社　34〜35頁 他

住吉造は大社造と同じく、切妻造の妻入りで、梁間二間の偶数柱間ですが、正面中央の柱を外しているため、入口が片寄ることはありません。神明造・大社造より床がずっと低いといった違いはあるものの、屋根に反りが無く非常に直線的なデザインとなっている点など、やはり相当に古い形式を伝えています。

住吉造についてはその前後2室の平面構成が、大嘗祭に際して宮中に仮設される大嘗宮《だいじょうきゅう》正殿〔下左〕に似ていることがよく言われます。しかし、大嘗宮に限らず、奈良時代の貴族の住宅がやはり同様の2室構成なのです。おそらく、奈良時代あるいはそれ以前からの貴族住宅の建て方を踏まえた建物なのでしょう。ちなみに現在の住吉大社本殿は、幣殿・渡殿《わたどの》とドッキングしています。古代風の無骨な建物の前面を近世的に優美な建物が塞ぐ形ですが、木に竹を接いだような無理はなく、なかなか綺麗に繋がっているのではないでしょうか。

大嘗祭に際して仮設された大嘗宮正殿の復元模型。住吉造はこれと同様の2室構成を取る。大嘗宮は5日間で造営し、祭祀終了後ただちに壊されたという。國學院大學博物館蔵

住吉大社本殿に基づき作図

破風板や垂木に反りが無く、屋根の印象が非常に直線的。
住吉大社では柱や梁・桁を丹塗りとし、壁は白く塗る。
床は低い。廻縁（まわりえん）が無いのは神社本殿では珍しい。

建築と工芸のあいだ
春日造 かすがづくり

春日大社　30〜33頁
宇太水分神社　92〜93頁 他

春日造は切妻造、妻入り。身舎から妻方向に庇を伸ばして階を覆う向拝としたところが特徴です。身舎だけで構成され庇を持たない神明造・大社造・住吉造に対して、この春日造と次に見る流造は一歩進んだ空間意識を示していると言っていいでしょう。成立は両者とも奈良時代後期から平安時代初期と考えられますが、当時の建物が残っているわけではありません。

春日造の名は春日大社本殿の形式であるところから来ています。伊勢・出雲・住吉の本殿が内部に人が進入できるサイズだったのに比べ、春日造の社殿は総じて小さく、人が中に入ることを想定していません。小型かつ彩色さ

春日大社本殿に基づき作図

屋根の曲線に呼応して美しいラインを描く千木。

反りのある破風板は、庇の下にまで伸びる。

身舎の妻側に庇を付けたことで現れた縋破風（すがるはふ）。

身舎柱と向拝柱を連結する水平材、繋虹梁（つなぎこうりょう）。

春日大社本殿では、庇を支える垂木はわずか4本。

井桁に組んだ土台の上に身舎柱を立てる。

れ、しばしば繊細な装飾が施されるため、建築というより半ば工芸品的な印象を受ける、綺麗な建物が多いですね。有数の大社である春日大社の本殿（同形同大の本殿が4つ並びます）の場合も例外ではありません。

　春日造では妻方向に庇を伸ばすので、これを支える垂木と、身舎の平方向の垂木が、屋根の隅部分でどのように納まっているかがポイントになります。より原初的と思われる春日大社本殿では庇の垂木は身舎の幅内に4本のみで、両者の垂木は干渉しないようになっています［左上］。また、庇の付根あたりに飛び出している少し湾曲した部材は、じつは破風板（屋根の端に取り付けられた部材、切妻の山形を構成）の下端で、切妻造の身舎の妻面に庇を取り付けた春日造の始まりの姿を示していて、身舎と庇の垂木の納まりの最初の段階とも言えるでしょう。

　庇の垂木が間隔の広い疎垂木《まばらだるき》ということもあって、ややぶっきら棒な印象を与える春日大社本殿に対し、宇太水分神社本殿では妻方向にも平方向と同じく間隔の密な繁垂木《しげだるき》が整然と並んでいます［左下］。隅木《すみぎ》入《いり》春日造と呼ばれるタイプで、屋根の隅部分では身舎《もや》柱《ばしら》から斜め45度に出した隅木により、両方向の垂木を均等に受け止めています。また、二軒《ふたのき》といって垂木が二重になっており、全体にいかにも優美。式年造替により古様を残す春日大社本殿に比べ、技術的に進化した形式ですが、これは要するに寺院建築と同じ手法ということでもあります。

　春日造は、文化財指定を受けた古い社殿建築のうち約20パーセントを占めます。とはいえ、分布は興福寺・春日大社の勢力下にあった奈良県を中心に、和歌山・大阪・兵庫などに偏っており、なお地方性を帯びた様式ということになるでしょうか。

春日大社本殿の軒下の見上げ。庇を支える疎垂木は、後世には専ら住宅などに用いられたが、ここでは古式によって格の高さを示すものとなっている。

宇太水分神社本殿の軒下の見上げ。前面向かって左の身舎柱の上から斜めに飛び出してくるのが隅木。同じ春日造でも上の春日大社本殿とは全く異なる華やかさが目指されている。

ザ・神社建築

流造《ながれづくり》

賀茂社　42〜43頁 他

流造は、国宝に指定されている上賀茂神社・下鴨神社の本殿をはじめ、文化財指定の社殿のじつに7割近くを占め、かつ全国にまんべんなく分布しています。本殿のみならず摂社・末社にも流造の建物は非常に多く、神社建築として最も普遍的な形式と言えます。神社の建物については一般に、フォルムがシンプルで屋根のラインがたおやかな曲線を描くといったイメージを持っている人が多いと思いますが、それはまさに流造の特徴に由来するところが大きいのです。

流造は切妻造、平入り。神明造から発展したとも言われ、春日造が妻側に庇を伸ばすのに対して、平側に庇を伸ばして廻縁《まわりえん》や階を覆います。春日造に比べて流造の方がはるかに数が多いのは、端的に作りやすく、規模の伸縮もしやすかったためと思われます。先程、隅木入春日造の話をしましたが、春日造の庇の納め方はやはりなかなか難しいのです。これに対して、流造の庇は正面側の垂木をそのまま伸ばすだけですから簡単、それでいて美しいラインを描くことができる。規模については、日本古代の建築では身舎の梁間は二間が限界で（新薬師寺本堂など

下関の住吉神社（95頁）の九間社流造の本殿を、楼門の上から拝殿の屋根越しに真正面から捉えたショット。5つの神の座の上に、5つの千鳥破風がある。

近江の油日神社（98〜99頁）の本殿。明応2年（1493）の建立。庇の部分に床を張り、格子戸で囲って外陣としている。階の上の向拝は、庇をもう一段階伸ばした孫庇（まごびさし）である。

三間の例外もある）、桁行方向にはいくらでも伸ばせるという特性がある。一方、神社の祭神は、お妃や子供を加えるなどして増えてゆく傾向があります。その場合、横すなわち桁行方向に社殿を拡張できると都合がいいわけです。

流造は小さな摂社などでは桁行一間の一間社、しかるべき神社の本殿では三間社が標準的ですが、その気になれば五間でも七間でもいくらでも伸長することができる。それが連棟式の社殿で、九間社流造の本殿に5座の祭神を祭る下関の住吉神社［右頁上／95頁］などが有名で、他にもたくさんあります。

これに対して連棟式の春日造というと、2棟を連ねた平野神社（京都市）、3棟を連ねた西宮神社［56頁］などがあるくらいでしょうか。なお、流造では正面側に外陣（げじん）が付いて人が入る場となるものもあります［右頁下］。

上賀茂神社本殿に基づき作図

妻飾りの一種、懸魚（けぎょ）。

屋根の両端部の丸みを箕甲（みのこう）と呼ぶ。箕甲は、屋根全体の軒先に向かっての反りと、それに比べて強い破風板の反りの差を納めて、1つの屋根にするために生じる。

片方の屋根がそのまま流れて階（きざはし）を覆う向拝となる。だから流造。

流造の廻縁は建物両サイドの奥（身舎の背面のライン）で行き止まりとなり、その位置に脇障子（わきしょうじ）という衝立状の目隠し壁を立てる場合が多い（右頁下の写真参照）。しかし、賀茂社本殿では廻縁が四周をめぐるため脇障子は無い。

賀茂社の本殿では浜床（はまゆか）を張る。

向拝柱や縁束は格落ちの角柱にする。神が鎮まる身舎の柱は格の高い丸柱。神社建築のデフォルトの1つである。

第4章

神と仏の千年史

SYNCRETISM

神社は神社、寺は寺——現代人は当り前にそう思っているけれど、
それはじつは神仏分離を国策とした明治時代以後の話。
かつてはお坊さんが神社を管理し、神前でお経をあげる風景は普通のものだった。
神はすなわち仏とみなされ、だからこそ恐るべき神々が身近で頼れる存在になった。
1000年以上も続きながら失われてしまった神仏習合の面影を捜す旅へ。

オオナムチに捧げる法華八講

日吉大社

平成28年の5月26日に、比叡山の僧たちにより日吉大社西本宮の拝殿で行われた山王礼拝講の様子。法華経8巻を1巻ずつ8座に分けて読誦・讃嘆する法会「法華八講」を神前に奉納するもので、平安中期の万寿2年(1025)から続く。神官の祝詞奏上後に始まった法会はおよそ3時間に及んだ。

比叡山の山裾に広がる、延暦寺と共に栄えた大社

日吉大社

ひよしたいしゃ

祭神　西本宮　大己貴神《おおなむちのかみ》
東本宮　大山咋神《おおやまくいのかみ》

創建　崇神天皇7年(BC91)

社格　式内社(名神大)・二十二社・官幣大社

文化財　国宝＝西本宮本殿、東本宮本殿
重文＝西本宮拝殿、東本宮拝殿
摂社 宇佐宮本殿、同拝殿 他

京の北東にそびえる比叡山。その滋賀側の麓にある日吉大社と延暦寺のご縁は、延暦7年(788)、最澄が比叡山に天台宗を開いた際にオオヤマクイ(比叡山の地主神)とオオナムチ(奈良の大神神社から勧請したオオモノヌシの別名)を護法神としたことに始まる。日吉の神々は「山王《さんのう》権現」と総称され、天台宗の寺院には鎮守として日吉《ひえ》社・山王社が建てられたため、その信仰は天台宗の興隆とともに全国にひろまった。文字通り1000年以上の間、手に手を携えてきたそのタッグは強力で、特に平安中後期に盛んだった「強訴《ごうそ》」は1つの例。延暦寺の荒法師たちが朝廷に対して要求を訴える際に当社が神輿を出して協力し、要求が通らない場合は御所の門前に神輿を放置、貴族たちを恐怖に陥れた。白河法皇は「鴨川の水、双六の賽《さい》、山法師。これぞ朕《ちん》が心にままならぬもの」と嘆いた。かくして延暦寺が織田信長に抵抗して元亀2年(1571)に焼き討ちにあった時には、もろとも社殿を焼かれてしまった。

国宝2棟に重文15棟を数える現在の社殿の多くは、天正12年～慶長4年(1584～99)に豊臣秀吉が再興したもの。神仏分離後、境内の仏教的な要素は一掃されてしまったものの、比叡山の僧が法華八講《ほっけはっこう》を奉納する山王礼拝講《らいはいこう》は戦後、舞台を寺から神社に戻して続いている[前見開き/左頁上]。そもそもこの行事は、延暦寺の僧の怠惰に怒った山王権現を鎮めるため、若い僧侶が修学研鑽の成果を披露することに始まった。3～4月の例大祭・山王祭でも、天台座主が五色の幣を奉納、般若心経を読誦《どくじゅ》する。ここでは今なお神と仏のいい関係が続いているのだ。

明神鳥居の上に破風を乗せた山王鳥居は、密教の金剛界(こんごうかい)と胎蔵界(たいぞうかい)、そして神仏の合一を象徴するとか。

山王礼拝講を終えた僧たちが寺に
帰るのを、神職たちが見送る。

［中右］西本宮本殿の背面。正面と両側面にのみ庇を付け、背面には付けない「日吉造（ひよしづくり）」という独特の形式のため、両サイドがかくんと折れて縋破風（すがるはふ）になっている。床下には下殿（げでん）という部屋があり、江戸期までは仏像を安置して仏事を営んだ。
［中左］摂社の中で最も重視される宇佐宮（うさぐう）の本殿。日吉造の社殿はここと西本宮、東本宮のみ。
［左］東本宮の本殿を斜め後ろから見る。西本宮の本殿とそっくりの建物だけれど、廻縁の背面中央部が一段高く作られている点は異なる。このアングルだと、入母屋造のように見えて入母屋造ではない日吉造の特徴がよくわかる。

滋賀県

大津市坂本5-1-1　☎077-578-0009　HPあり
京阪石山坂本線・坂本駅から徒歩10分

正面は舞殿（まいでん）で、その上に本宮の楼門の屋根が見えている。現在の本宮は、江戸後期、11代将軍徳川家斉によって造営された。

武家の都・鎌倉の街造りの核となった社

鶴岡八幡宮《つるがおかはちまんぐう》

祭神　応神天皇《おうじんてんのう》
比売神《ひめがみ》
神功皇后《じんぐうこうごう》
創建　康平6年（1063）
社格　国幣中社
文化財　国宝＝古神宝類、籬菊螺鈿蒔絵硯箱、太刀　銘正恒
重文＝上宮本殿・幣殿・拝殿 他

神社本庁の調査によれば八幡信仰の神社数は圧倒的な第1位。その理由としては神仏習合という近代以前の主流的信仰形態を先駆的に展開したこともあろうが、それ以上に大きかったのは清和源氏の氏神とされ、ひいては鎌倉幕府の宗教的支柱となったことではなかったか。源頼朝は、治承4年（1180）、鎌倉に入るや、先祖の頼義が勧請した八幡社を由比ヶ浜から現在地へ遷座。建久2年（1191）には上宮《じょうぐう》（本《ほん》宮《ぐう》）・下《げ》宮《くう》からなる今に続く境内配置を整える。鎌倉の町を海へ向かって貫く若宮大路は八幡宮の参道であり、都市形成の軸となった。鎌倉に集った御家人たちはやがて、鶴岡八幡宮でなじんだ八幡信仰を全国の己が領地へと持ち帰るのである。

鎌倉市雪ノ下2-1-31　☎0467-22-0315　HPあり
JR横須賀線他・鎌倉駅から徒歩10分

神奈川県

伊達政宗が造営した
東北を代表する桃山建築

大崎八幡宮《おおさきはちまんぐう》

祭神　応神天皇《おうじんてんのう》
仲哀天皇《ちゅうあいてんのう》
神功皇后《じんぐうこうごう》

社格　県社

文化財　国宝＝本殿・石の間・拝殿
重文＝長床

時代は変わっても、武士たちの八幡神に対する信奉は変わらなかった。伊達政宗が仙台築城にあたり、城の北方に勧請した大崎八幡宮もまたその一例だ。この神社で特筆すべきは社殿［下］の豪華さ。京都の北野天満宮［158～159頁］や、当時の豊国廟の社殿に範を採った権現造で、黒漆塗りの軀体を、飾り金具や彫刻、彩色で彩ったスタイリッシュな造形は、中央の最新文化を北辺の地へ移植しようとする政宗の強い意気込みを感じさせる。平成12～16年に行われた大修理では、本殿の内部までが障壁画（水墨の山水や松）で飾られていたことが判明。神が占有し、人が進入しない本殿内部は通常は装飾を施さない。政宗がこの建物にかけた思いの深さは、そんな不可視の領域にまで及んでいたのだ。

破風の飾り金具が目映い拝殿の正面。慶長12年（1607）の竣工で、工事には京や紀州・根来の工匠が携わった。両側から飛来した龍が向拝柱を貫くデザインは珍しい。

宮城県
仙台市青葉区八幡4-6-1　☎022-234-3606　HPあり
JR仙山線・東北福祉大前駅から徒歩15分

特異な歴史が生んだ
ダイナミックな「香椎造」

香椎宮《かしいぐう》

祭神　仲哀天皇《ちゅうあいてんのう》
　　　神功皇后《じんぐうこうごう》
創建　神亀元年（724）
社格　官幣大社
文化財　重文＝本殿

博多湾に臨む香椎の地には、八幡神の親神さまと慕われる神社がある。祭神の仲哀天皇と神功皇后は、応神天皇（＝八幡大神）の両親。香椎はふたりが熊襲征伐のために仮宮を置いた場所として、記紀にもその名が登場する。新羅征伐から凱旋した神功皇后は、夫が死んだこの地にその霊を祭ったのだが、それから500年以上を経て皇后自身の神託があり、神亀元年（724）、仲哀天皇と神功皇后を合わせ祭る「香椎廟」が創建されたという。近世までは神社というより霊廟の性格が強かったらしく、「香《か》椎造《しいづくり》」と呼ばれる本殿の独特の造りも、お社としての特異さに由来するのだろうか。力強い屋根［下］も印象的だが、建物の東西両側面に神さま専用の車寄せがあるのには驚いた。

本殿は享和元年（1801）に福岡藩主・黒田斉清（なりきよ）が再建。入母屋造の建物をベースに、正面の千鳥破風、両側面に取りつく切妻屋根、そこからさらにのびる片流れの庇など、複雑な屋根のハーモニーが見どころ。

福岡県

福岡市東区香椎4-16-1　☎092-681-1001　HPあり
JR香椎線・香椎神宮駅から徒歩5分

「祇園さん」と呼ばれ親しまれる東山のランドマーク

八坂神社《やさかじんじゃ》

祭神 素戔嗚尊《すさのをのみこと》　櫛稲田姫命《くしいなだひめのみこと》　八柱御子神《やはしらのみこがみ》
創建 斉明天皇2年（656）とも、貞観18年（876）とも
社格 二十二社・官幣大社
文化財 重文＝本殿、西楼門 他

四条通りを東へ東へと歩めば、東大路通りに突き当たる。目の前の石段を見上げれば、まばゆい朱塗りの八坂神社の西楼門が［上］。青銅の狛犬に護られたこの門は、花街・祇園のランドマークともなっている。ちなみに正門はこちらではなく南楼門の方だ。壮大な本殿［144頁］については別項を参照されたい。

八坂神社といえば毎年7月の「祇園祭」。9世紀後半、悪疫の流行を鎮める御霊会《ごりょうえ》として始まり、中世から近世にかけて、町衆による一大イベントとして発展を遂げる。神輿渡御を頂点に、1カ月に及ぶ華やかな祭儀は、今も変わらず京の風物詩だ。元旦未明の「をけら詣り」も有名だ。参拝者は年末に切出された御神火を火縄に移し、くるくると回しながら持ち帰り、火伏せのお守りとして台所に祭るのである。

［上］絶好の記念撮影スポットとして、1年中観光客でにぎわう「祇園さん」の西楼門。古くは「夜叉門（やしゃもん）」「籠門（かごもん）」とも呼ばれていた。春には門前のサツキがあでやかな花を咲かせ、彩りを添える。

京都府
京都市東山区祇園町北側625　☎075-561-6155　HPあり
京阪本線・祇園四条駅から徒歩5分

あまたの狐の像と
千本鳥居が織りなす異空間

伏見稲荷大社《ふしみいなりたいしゃ》

渡来系
豪族・
秦氏の社
1

祭神　下社　宇迦之御魂大神《うかのみたまのおおかみ》
　　中社　佐田彦大神《さたひこのおおかみ》
　　上社　大宮能売大神《おおみやのめのおおかみ》
　　下社摂社　田中大神《たなかのおおかみ》
　　中社摂社　四大神《しのおおかみ》
創建　和銅４年(711)
社格　式内社(名神大)・二十二社・官幣大社
文化財　重文＝本殿、権殿、外拝殿、楼門 他

小さな祠の類まで含めれば数えきれないほどあるだろう「お稲荷さん」の総本宮。「餅を的にして矢を射たところ白い鳥と化して飛び立ち、舞い降りた峰の上に稲が稔った」――秦伊呂具《はたのいろぐ》を主人公にした稲荷社創建説話は、山城国風土記の逸文《いつぶん》に見える。信仰のルーツは多分に謎に包まれているようだが、五穀豊穣を司る穀物の神が、中世から近世にかけて「商売繁昌の神」として認知され、さらなる大ブレイクを果たしたものか。

狐が神使となったのは稲作の益獣とみなされたことに加えて、密教の荼枳尼天《だきにてん》が稲荷神の本地仏とされたことも与っていよう。白狐に乗る天女として表象される荼枳尼天を本尊とする修法《しゅほう》は強力で、稲荷神の霊威を大いに高めたに違いない。神仏分離により稲荷社で荼枳尼天が祀られることはなくなったものの、狐の方は変わらず境内のそこここで出会える[左頁下]。さすが立派な本殿[下]

側面から本殿を見る。五間社流造で、稲荷社のシンボルカラーとも言うべき朱塗りに飾り金具の金が映えて美しい。応仁の乱で焼失後、明応8年（1499）に再興された。

本殿から稲荷山を結ぶ参道に延々と続く鳥居は約1万基もあるとか。願いがかなうように、もしくはかなったお礼として建てられたもので、鳥居の奉納は江戸末期から近代にかけて盛んになり、現在も続いている。

に参拝したら、背後に控える千本鳥居［上］をくぐり、稲荷山各所の「お塚」を巡ってみよう。映像を通じてもはや世界的な名所と化しているらしい千本鳥居は、実際に訪れてみると文字通り狐に化かされ異界に迷い込んだかのような心地になる。

境内には狛犬の代わりに狐の像がたくさん！　穀物の神であることを表す稲穂、知恵を表す巻物、または霊徳を表す宝珠、霊徳を得んとする願望を表す鍵をくわえているなど諸説あり。後ろの楼門は天正17年（1589）、豊臣秀吉の寄進。

京都市伏見区深草藪之内町68　☎075-641-7331　HPあり
JR奈良線・稲荷駅からすぐ

21体の神像が常設された神像館は必見

松尾大社

まつのおたいしゃ

祭神　大山咋神《おおやまぐいのかみ》
市杵島姫命《いちきしまひめのみこと》
創建　大宝元年（701）
社格　式内社（名神大）・二十二社・官幣大社
文化財　重文＝本殿、木造神像3軀

渡来系豪族・秦氏の社 2

嵐山の深い緑に抱かれた当社は、清少納言が「神は、松の尾」とイチ押しし、室町末以降は酒造の神としても信仰を集める。「賀茂の厳神《げんしん》、松尾の猛霊《もうりょう》」と並び称された皇城の守護神は一方、山城盆地に蟠踞《ばんきょ》する渡来系豪族・秦氏が平安遷都以前から奉じてきた神を祭る点では伏見稲荷大社［前見開き］と好一対をなす。仏教との関わり方でも両社は対称性が強い。稲荷祭の神輿が東《とう》寺《じ》に立ち寄って御供《ごくう》を受けるのは有名だが、松尾祭の神輿6基は3つの御旅所から西寺《さいじ》跡の「旭の杜」に集合し、粽《ちまき》の御供と特殊神饌を献じられた後、神社に還幸するのだ。

室町から江戸にかけて建造された社殿、霊泉「亀の井」、晩年の重森《しげもり》三玲《みれい》作の庭「松風苑《しょうふうえん》」など境内に見どころは多い。神像館の拝観も忘れずに。21体の神像が常設され、特に等身大の3体は最古級の優品。主祭神オオヤマグイノカミと目される老年像［下右］は「猛霊」の形象そのものだし、同じくイチキシマヒメノミコト［下中］に当てられる女神像の豊麗さは古代人にとってのあらまほしき神のイメージを素直に伝える。茫洋とした表情が引き込むような力を感じさせる壮年像［下左］は、主祭神の御子神と言われる。

釣殿（つりでん）から本殿を望む。本殿は室町初期、応永4年（1397）の造営。

神像は神仏が習合する流れの中、仏像を模して作られ始めた。最初期、奈良時代8世紀の作は伝わらず、平安時代9世紀のこちらの3体が、薬師寺や東寺の《八幡三神像》と並んで最も古い現存作となる。右から《男神坐像》像高97・3㎝／《女神坐像》像高87・6㎝／《男神坐像》像高96・4㎝　全て平安時代（9世紀）木造、彩色　重要文化財　松尾大社蔵

京都府

京都市西京区嵐山宮町3　☎075-871-5016　HPあり
阪急嵐山線・松尾大社駅から徒歩5分

陰陽道の神々80体が描く
立体星曼荼羅

大将軍八神社《だいしょうぐんはちじんじゃ》

祭神 大将軍神《だいしょうぐんしん》（素盞嗚尊《すさのおのみこと》／天津彦根命《あまつひこねのみこと》）
創建 延暦13年（794）
社格 村社
文化財 重文＝木造大将軍神像80軀

小さなお社だが、手入れの行き届いた境内はとても気持ちが良い。主祭神は大将軍神で、さらに大歳神《だいさいしん》、大陰神《だいおんしん》、歳形神《さいぎょうしん》、歳破神《さいはしん》、歳殺神《さいさつしん》、黄幡神《おうばんしん》、豹尾神《ひょうびしん》の7神を合わせ祭る。これら計8神をまた八将神ともいい、大将軍神に対する信仰が八将神に対する信仰と重層し、かつスサノオ、及びその御子神8柱と習合しているというのだからややこしい。

大将軍神とは陰陽道の神格で、方位を司る星神。この神のいる方位は万事凶となり、犯せば厳しい咎めがあるとされた。恐るべき神だが一方で方除《ほうよけ》・厄除《やくよけ》の神として崇められた。この神に対する信仰が平安中期（10世紀）から鎌倉時代（13世紀）にかけて最高潮に達したについては物的証拠がある。それがつまりこの見開きに掲げた神像群である。その数じつ

宝物庫である方徳殿では、重文指定の80体の《大将軍神像》を立体星曼荼羅風に展示している。通常公開日は5月1～5日、11月1～5日の午前10～午後4時だが、これ以外の日でも受け付けてくれる（要問合せ）。
［右頁］《大将軍神像》には束帯を着けたこちらのような俗体像と、中国風の甲冑を纏った武装像とがある。この写真の像はそれぞれ高さ100センチ前後。大将軍八神社蔵（見開き全て）
［左］左脚を踏み下げにして剣を構えるのは《大将軍神像》のうち5号像。手前は52号像。像高86・2㎝（奥）／100・2㎝（手前）

に100余体。うち80体が重文に指定されている。こんなにたくさんの神像が一度に見られる場所は他にないし、作としてもすぐれたものが少なくない。参拝の際は必見。

社殿は権現造。昭和5年（1930）の造替。正面の碑はご鎮座1200年を記念して平成6年（1994）に置かれたもので、星と方位の神の神社らしいデザインだ。

京都府

京都市上京区一条通御前西入西町48　☎075-461-0694　HPあり
京福電鉄北野線・北野白梅町駅から徒歩5分

出羽三山神社《でわさんざんじんじゃ》

雪深き山中にそびえる、三神合祭殿の豪壮と五重塔の清冽

修験の聖地 1

祭神	月山神社	月読命《つきよみのみこと》
	出羽神社	伊氐波神《いではのかみ》 倉稲御魂命《うかのみたまのみこと》
	湯殿山神社	大山祇命《おおやまつみのみこと》 大己貴命《おおなむちのみこと》 少彦名命《すくなひこなのみこと》
創建	推古天皇元年(593)	
社格	月山神社＝式内社(名神大)・官幣大社 出羽神社＝式内社・国幣小社 湯殿山神社＝国幣小社	
文化財	国宝＝羽黒山五重塔 重文＝羽黒山三神合祭殿 他	

羽黒山の山頂に登り、三神合祭《さんじんごうさい》殿《でん》［左頁上／同中］の前に立った者は、誰しもその異様な迫力に息を呑むだろう。豪雪地域ならではの厚さ2メートルを超す茅葺屋根、総漆塗りの太い柱が立ち並ぶ豪壮な殿内。神社とも寺ともつかない独特な雰囲気は、熊野と並ぶ修験の聖地ならではだろうか。

三神とは、羽黒山山頂の出羽《いでは》神社を中心とする、月山《がっさん》神社、湯殿山《ゆどのさん》神社の祭神のこと。御開山は1400年以上も昔に遡る。父・崇峻《すしゅん》天皇が蘇我馬子によって暗殺されたため出羽に逃れてきた蜂子《はちこ》皇子が、羽黒山で荒行をし、出羽神社を建立したとされる。出羽三山が今日に至るまで、厳しい修験道の信仰で結びついているのは、この蜂子皇子の伝説があるからこそ。

出羽三山は、神仏分離以後も神仏習合の影響を色濃く残す特異な地である。鎌倉時代から羽黒山が「八宗《はっしゅう》兼学《けんがく》の山」と呼ばれ、現在でも宗派を問わず修行者を受け入れるのは、出羽三山の大神は何人にも等しく御神徳を授けるという蜂子皇子の御心が受け継がれているからだという。

建物では羽黒山の国宝五重塔［左頁下］が名高い。周辺にあった寺院が廃絶したため、塔だけが木立の中に忽然と姿を現わすさまは、まさに孤高の印象。

鶴岡市羽黒町手向字手向7　☎0235-62-2355　HPあり
JR羽越本線・鶴岡駅からバス「羽黒山頂」下車、徒歩5分
羽黒山五重塔　JR羽越本線・鶴岡駅からバス「随神門」下車、徒歩15分

[上]三神合祭殿は幾度も火に罹っており、現在の建物は文政元年（1818）の再建。手前の御手洗池（鏡池）は、「池の御霊（みたま）」とも呼ばれる。池そのものが信仰を集め、500面以上の銅鏡が池中から出土した。
[右]三神合祭殿内部。信者の方たちが御祈禱を受けている。
[下] 羽黒山表参道登り口に建つ五重塔。一面の銀世界の中で、澄み切った美しさを見せる。南北朝時代、応安（1368～75）頃の建物。庄内の領主で、羽黒山の別当であった武藤政氏の寄進と伝えられる。

自然と信仰の融合——そこは今もなお現世の浄土

熊野本宮大社《くまのほんぐうたいしゃ》

祭神 家都美御子大神《けつみみこのおおかみ》
創建 崇神天皇65年（BC33）
社格 式内社（名神大）・官幣大社
文化財 重文＝第一殿・第二殿、第三殿、第四殿、木造家津御子大神坐像 他

熊野速玉大社《くまのはやたまたいしゃ》

祭神 熊野速玉大神《くまのはやたまのおおかみ》 熊野夫須美大神《くまのふすみのおおかみ》
創建 景行天皇58年（128）
社格 式内社・官幣大社
文化財 国宝＝古神宝類約1200点、古神像4軀 重文＝太刀 銘正恒、古神像3軀 他

熊野那智大社《くまのなちたいしゃ》

祭神 熊野夫須美大神《くまのふすみのおおかみ》
創建 仁徳天皇5年（317）以前
社格 官幣中社
文化財 重文＝第一殿、第二殿、第三殿、第四殿、第五殿、第六殿 他

修験の聖地 2

平成16年に「紀伊山地の霊場と参詣道」が世界遺産に登録された熊野。その中核となる3大社を、熊野三山《さんざん》、熊野三所権現《さんしょごんげん》などと総称するが、これは神仏習合の修験者たちの間から起こった言い方である。

ワイルドな自然あふれる紀伊半島南部はもともと自然崇拝に厚い土地柄。本宮は熊野川、速玉はゴトビキ岩、那智は那智の瀧に対する信仰を起源とする社らしいが、平安時代に入るとそれぞれの主祭神が阿弥陀（未来救済仏）、薬師（過去救済仏）、千手観音（現生救済仏）と習合し、修験の聖地として隆盛を極める。鎌倉時

熊野本宮大社
田辺市本宮町本宮　☎0735-42-0009　HPあり
JR紀勢本線・新宮駅からバス
「本宮大社前」下車、徒歩1分

熊野速玉大社
新宮市新宮1
☎0735-22-2533　HPあり
JR紀勢本線・新宮駅から徒歩15分

代にかけて、白河、鳥羽、後白河、後鳥羽を頂点に、歴代9上皇が計103回も熊野三山へ詣でたというのはただごとではない。貴族も武家も庶民もそれに倣ったから、参詣道の賑わいは「蟻の熊野詣で」と形容されるほどだった。

和泉式部が熊野詣での際に本宮手前で月の障りになり、不浄の身では参拝できないと嘆いて歌を詠んだところ、その夜の夢に熊野権現が現れ、自分は俗世と交わる神なので問題ないと歌を返し、受け入れてくれたというエピソードがある。

熊野本宮大社の本殿。明治22年（1889）の熊野川の洪水により中洲の大斎原（おおゆのはら）にあった当社は大きな被害を受ける。からくも残った社殿を500メートル離れた高台に移築し、ケツミミコノオオカミ他4柱を祭る。残る8柱は大斎原の石祠に祭られている。

熊野大神が最初に降臨した場所、神倉山のゴトビキ岩。見えている社殿は、熊野速玉大社の摂社・神倉神社である。速玉大社はこのゴトビキ岩を祭る麓の社として建てられたため「新宮社」とも呼ばれている。

落差約130メートルを誇る日本一の名瀑、那智の瀧。熊野那智大社の別宮・飛瀧（ひろう）神社のご神体として祭られている。

熊野那智大社
東牟婁郡那智勝浦町那智山1
☎0735-55-0321　HPあり
JR紀勢本線・紀伊勝浦駅から車20分

和歌山県

九州における山岳信仰の中心地

英彦山神宮《ひこさんじんぐう》

祭神　正勝《まさかつ》吾勝《あかつ》勝速日《かちはやひ》天之《あめの》忍穂耳命《おしほみみのみこと》
社格　官幣中社
文化財　重文＝奉幣殿、銅鳥居 他

修験の聖地 3

福岡と大分をまたぐ英彦山は、標高1200メートル。前々見開き、前見開きで紹介した出羽三山、熊野三山と並ぶ三大修験地の1つである。神仏分離以前は天台宗の霊仙寺《りょうせんじ》が奉じていた英彦山権現を明治以後、英彦山神社に改めた（神宮への改称は昭和50年）。

社伝によれば、来日した中国の僧・善正《ぜんしょう》に師事した元猟師の忍辱《にんにく》が修行の末、山頂の三岳《みたけ》に阿弥陀、釈

奉幣殿はもともと霊仙寺の大講堂だった建物。元和2年（1616）に、豊前小倉藩主だった細川忠興が造営。右の鳥居は山頂にある上宮（本社）への入口で、遥拝所でもある。上宮までは山道を2時間半ほど歩く。

迦、観音の垂迹を見て、上宮《じょうぐう》を建てたのがその始まり。平安時代には宇佐の神宮寺の別当だった法蓮が社殿を整え、中世以降、修験の道場として繁栄する。最盛期には僧房２００あまりを数えたという。天正９年（１５８１）から９年間は豊後の大友氏と敵対して全山が焼亡するが、江戸期に復興を果たし、九州北部では「彦山詣りをしていない男の嫁にはなるな」と言われるまでに。今も奉幣殿［右頁］までの参道脇には僧房跡がいくつも残り、上宮への山道に入れば修験用の窟［下右］、磨崖仏や岩に梵字を彫った梵字岩などに出会える。

摂社の1つ玉屋神社。昭和4年（1929）に英彦山を訪れた自由律俳人・種田山頭火は周囲の険しい山道を歩き、〈すべってころんで山がひっそり〉と詠んだ。

奉幣殿のあるエリアから最も近い（とはいえ30分ほどはかかる）岩窟・虚空蔵（こくうぞう）。鬱蒼とした森の中の窟には、ほとんど朽ちかけた莚が。え、こんなところで1人で寝泊まりするの!?

田川郡添田町英彦山1　☎0947-85-0001　HPあり
JR日田彦山線・彦山駅から車15分

建築、美術、そして風景
785段の参道には見どころが一杯

金刀比羅宮《ことひらぐう》

祭神 大物主神《おおものぬしのかみ》
社格 国幣中社
文化財 重文＝旭社、表書院、円山応挙「遊虎図」24枚 他

讃岐平野の西南に聳える象頭《ぞうず》山《さん》は、標高約500メートルながら瀬戸内海からよく見え、航海の際の格好の目標物になる。かくて平安後期頃には船乗りたちの厚い崇敬が寄せられるようになった。

金刀比羅宮は創建の初めから神仏習合の形態を取り、真言宗の金光院が一山を管理、金毘羅《こんぴら》大権現を祭っ

御本宮は明治期に再建された大社関棟造（たいしゃせきむねづくり）。

仲多度郡琴平町892-1　☎0877-75-2121　HPあり
JR土讃線・琴平駅から徒歩20分
高松琴平電鉄琴平線・琴電琴平駅から徒歩15分

た。コンピラというエキゾチックな神名は、ガンジス河に棲む鰐の姿をした水神クンビーラ（仏教では薬師如来の眷属・十二神将の一員）に由来するという。神仏分離後、主祭神は記紀神話の神であるオオモノヌシノカミとされ、祭祀から仏教色は一掃されたが、金光院の金堂（現・旭社）［4］や客殿（現・表書院）は建物として現存。それにこんぴらさんはこんぴらさんであり、一般の人気も高いが、漁師・船員・造船業者など海事関係者からとりわけ強く信仰されていることは昔も今も変わらない。また、宝物館の他、円山応挙らの襖絵［3］を公開する表書院、高橋由一の油絵27点を常設展示する高橋由一館など、アートファンにも見所がいっぱいだ。

1 御本宮までは785段、奥社まで頑張るとしたら1368段。奥に見えるのが金刀比羅宮の入口、大門。
2 大型スクリューは、今治造船から平成6年（1994）に納められた最大級の奉納品。

3 表書院（旧・客殿）の「虎の間」では円山応挙が描いた襖絵《遊虎図》が見られる。基本的には常時公開しているが、社務所に事前確認した方が安心です。

4 旭社は江戸時代には金光院の金堂だった。あまりに立派なため、清水次郎長の子分・森の石松は本宮と勘違いして参拝、そのまま帰ってしまったとか。

5 絵馬堂には海上の安全を祈念した船の絵が描かれた絵馬がいっぱい。奥にはアルミ缶リサイクルソーラーボートが見える。

多武峰のシンボルとも言うべき十三重塔は、天武天皇7年（678）の創建で、現存の塔は享禄5年（1532）の再建。

木造十三重塔にしのぶ
神仏習合の面影

談山神社《たんざんじんじゃ》

仏塔のある神社 1

祭神　藤原鎌足公《ふじわらのかまたりこう》
創建　天武天皇7年(678)
社格　別格官幣社
文化財　国宝=大和国粟原寺三重塔伏鉢
重文=十三重塔、本殿、拝殿 他

談山神社という不思議な社名は、鎮座する多武峰《とうのみね》を「談い山《かたらいやま》」「談所ヶ森《だんじょがもり》」とも呼んだことからきているという。ここで誰が何を語らったのかといえば、中大兄皇子（後の天智天皇）が中臣鎌足《かまたり》（後の藤原鎌足）と、蘇我氏打倒の計画を密談したのである。

［右］懸崖造（けんがいづくり）になった拝殿の建物下の列柱。白砂の箒目が美しい。［左］本殿は鎌足を祭る霊廟として大宝元年（701）に創建された。現在の建物は嘉永3年（1850）の再建で、春日造としては大規模な三間社だ。

境内はじつに清閑なたたずまい。ただ、神社のはずなのに十三重塔［右頁］もあるし、その他の社殿の形も多くはむしろお寺っぽい気がするのだが。それもそのはず、ここはもともと妙楽寺という寺で、その中の一堂に鎌足の彫像を祭っていたのが、神仏分離令によって神社に転じたのだった。

鎌足が没した時、留学僧として唐にいた長男の定慧《じょうえ》は、帰国後、別の場所に葬られていた鎌足を当地に改葬し、十三重塔を建立して父の菩提を弔った。鎌足像を祭る霊廟は、後に次男の藤原不比等《ふひと》によって追加された。この神像は国に異変がある時は破裂し、山を鳴動させるとして平安中期以降、朝野を震撼させる。骨の髄からの政治家だった鎌足は、泉下にあってなお警世の声を挙げ続けたのである。

桜井市多武峰319　☎0744-49-0001　HPあり
JR桜井線他・桜井駅から車20分

本殿を持たない
古い信仰の形式を伝える

金鑽神社《かなさなじんじゃ》

仏塔のある神社 2

祭神　天照大神《あまてらすおおみかみ》　素戔嗚尊《すさのおのみこと》
社格　式内社（名神大）・官幣中社
文化財　重文＝多宝塔

大鳥居をくぐり、金鑽《かなさな》川を遡るように参道をゆくと、右手の急斜面に突如現れるのが写真の多宝塔。天文3年（1534）にこの地の領主・安保《あぼ》全隆《ぜんりゅう》が建立・寄進したもので、草生い茂るなかにあっても築500年のオーラはさすが。もとは大鳥居向かいの天台宗・金鑽山一乗院の塔で、同寺は中世以降、金鑽神社の神宮寺でもあった。

参道をさらにゆくと右手に拝殿が現れる。本殿はなく、奈良の大神神社、長野の諏訪大社と同様、御神体である御《み》室《むろ》ヶ嶽《たけ》（御室山）を直に拝む古来の祭祀形態を保つ。境内は御室ヶ嶽の背後に広がる御《み》嶽《たけ》山《さん》（標高343メートル）へもつづいており、国の特別天然記念物「鏡岩」や、北関東を一望できる奥宮にもぜひ足をのばしたい。

［右］多宝塔は高さ約18メートル。明治の神仏分離に際して金鑽神社に帰属した。安保全隆が子孫繁栄を願って寄進したものだが、約30年後、武田と北条の抗争の中で、安保氏は歴史から消息を絶ってしまう……。

児玉郡神川町二ノ宮750　☎0495-77-4537
JR八高線・丹荘駅から車10分

名草神社《なぐさじんじゃ》

妙見信仰の山に残る個性豊かな3つの古建築

祭神　名草彦大神《なぐさひこのおおかみ》
創建　敏達天皇14年(585)
社格　式内社・県社
文化財　重文=本殿、拝殿、三重塔

仏塔のある神社 3

［上］手前は割拝殿形式の拝殿で、奥が本殿。前者が元禄2年（1689）、後者が宝暦4年（1754）に建てられた。当社は妙見山8合目の高所にあり、冬は雪に鎖される厳しい環境のため建物の傷みが激しく、現在、修復を進めているところ。写真のような雄姿が完全復活するのは数年後になるようだ。

［左］三重塔は大永7年（1527）の造営で、寛文5年（1665）に当地に移築された。造営の願主は、山陰地方の覇者・尼子経久である。

名草神社は神仏分離以前は妙見菩薩を祭り、但馬妙見として広く信仰を集めた。妙見菩薩とは北極星を神格化した仏教の天部で、さまざまな密教修法《しゅほう》の本尊ともなる。

この神社には重文指定の建物が3棟あるが、それぞれに個性豊か。朱色が目映い三重塔［下／153頁上］は、江戸時代前期、出雲大社から移築されたもので、室町時代の建物らしい整美な姿だ。拝殿［上］は石垣上に建つ建物本体から縁束《えんつか》を長く伸ばした懸崖造で、しかもその真ん中が階段と通路になっている。割拝殿《わりはいでん》自体が珍しい上にこのダイナミックなデザインには驚かされる。本殿は正面に千鳥破風と軒唐破風を置いた近世風の建物で、装飾として施された彫り物がユーモラスで見飽きない面白さだった。

兵庫県
養父市八鹿町石原1755-6　☎079-662-2793
JR山陰本線・八鹿駅から車40分

Lecture 2

知りたい！ 神社の見方

案内する人　米澤貴紀

**この建物、神社か
お寺かわかりますか？**

「祇園さん」こと八坂神社の本殿。左頁の平面図で内々陣・内陣・脇内陣となっている桁行5間×梁間2間が身舎で、その四周の外陣が庇、さらに外側に孫庇が取り付く構成となっている。

「Lecture 1」では、ひと目で神社とわかる、
最も神社らしい本殿の形式をとりあげました。
が、じつは建物を見ただけでは神社かお寺か、
簡単には区別することができない本殿もまた少なくありません。
そもそも古代から近世まで1000年以上にわたり、
神と仏は一体のものとされたり、
入り混じったりしていたのです。
そんな「神仏習合」の世界へ、
建築を窓口にアプローチしてみましょう。

右頁の写真は京都の八坂神社（125頁）の本殿です。つまり、紛れもなく神社の本殿なのですが、神明造や大社造、あるいは流造と比較すると、お寺の本堂のようにも見えなくはないですね。

まず注目すべきは、ここでも屋根の形です。「Lecture 1」で見た5つの本殿形式の屋根は、寺院の中心的な建物ではほとんど使われない切妻造でした。それに対して八坂神社本殿の屋根は、寺院の金堂・講堂に最も多い入母屋造です。檜皮葺なのが神社らしさを感じさせるものの、瓦葺だったらお寺に見えるはずです。

八坂神社の現本殿は江戸初期、承応3年（1654）の造営ですが、その規模や形式は平安後期の延久3年（1071）にまで遡ると考えられています。当時の八坂神社は祇園社あるいは感神院と呼ばれ、祭神はインド起源の疫神《えきしん》（疫病からの守り神）である牛頭天王《ごずてんのう》でした。牛頭天王は祇園精舎《ぎおんしょうじゃ》の守護神とも言われる仏教色の強い神さま。中世の祇園社は、二十二社の1つに数えられる高い格付けの神社であると同時に、延暦寺（初めは興福寺）を本寺と仰ぎ、神道・仏教・陰陽道による祭祀や仏事が盛んに行われていたのです。

八坂神社本殿平面図

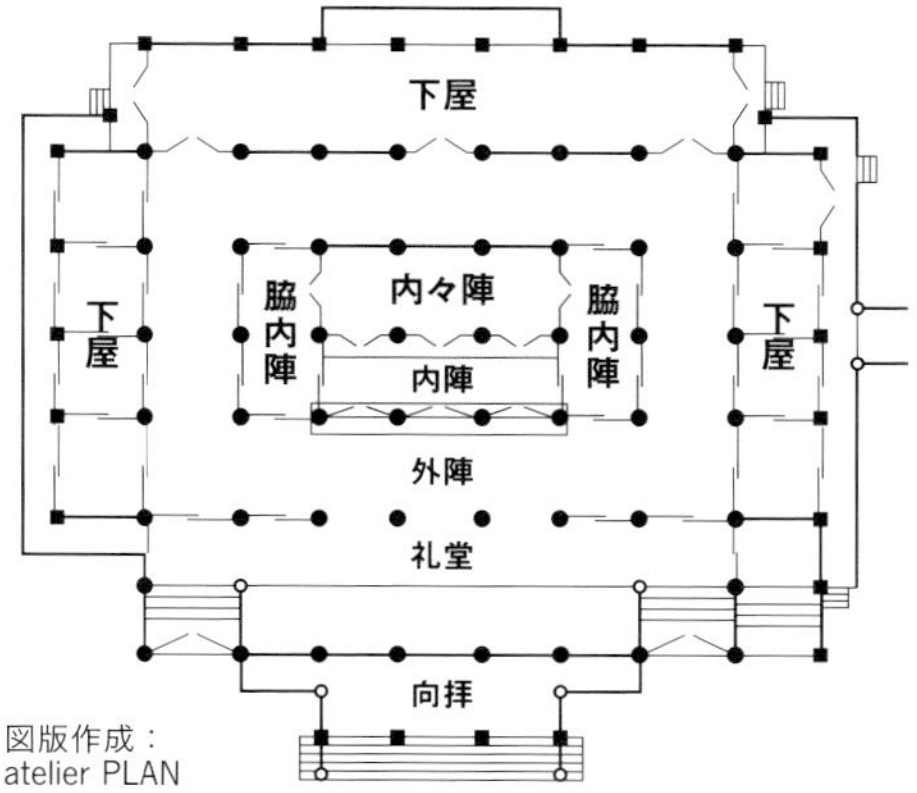

図版作成：atelier PLAN

八坂神社本殿は神社本殿としては異例の大きさで、高さでは出雲大社本殿に及びませんが、床面積ははるかに広い。つまり多くの人が建物内部に入って活動することを前提にしているということです。実際、平面図［上］を見ると、神さまが祭られた内陣（身舎）の周囲を幅一間の外陣（庇）が廻り、さらにその外側に取り付いた部分（孫庇）が大小いくつもの部屋に仕切られていることがわかります。それらは中世には、祭祀・仏事の他、社僧（＝神社を運営する僧侶）の評定や直会《なおらい》の場となるなど、さまざまな用途に使われていました。まさに中世の仏堂の使い方そのままです。神社本殿としてはおそらく最も早い時期に、仏堂とも見紛う入母屋造の大規模な社殿が造られた背景には、そうした神仏習合色の強い祭祀の状況があったのでしょう。

神仏習合から神仏分離へ

　ここで改めて神仏習合の流れをざっくり押さえておきましょう。日本書紀は、欽明天皇が百済の聖明王から金銅仏を贈られた際、臣下の間に「蕃神《あだしくにのかみ》を拝めば、国神《くにつかみ》の怒りを招く恐れがある」との反応があったことを伝えています。つまり伝来の当初、仏は「外国の神」として日本の神々と同類のものとみなされていました。しかし、やがて仏教が本格的に広まってゆく中、神社のそばに神宮寺《じんぐうじ》を建立したり、神前で読経することが行われるようになります。神々は人間と同様に仏の救いを求めており、神のためにお経を読んで供養すれば、解脱して神身離脱《しんしんりだつ》した神は仏教を守護する存在となる、とされたのです。神宮寺とは逆に寺院に鎮守神を祭ることも盛んになりますが、いずれにせよ神々には仏法の守護者たることが期待されていました。聖武天皇の大仏造営への支持を託宣し、一地方神から国家レベルの神格へと急浮上した宇佐の八幡神はそうした護法善神のさきがけであると同時に、代表的存在と言えるでしょう。

　平安時代になると神と仏の関係はさらに一歩を進めます。日本の神々はインドの仏が日本の衆生を救うため化身した仮の姿だとする本地垂迹《ほんじすいじゃく》説が唱えられるようになったのです。この考え方が以後、中近世を通じて神仏関係を説明する理論として主流をなします。伊勢のアマテラスは胎蔵界《たいぞうかい》の大日如来、八幡三神は阿弥陀三尊、北野の天神は十一面観音……という具合に、本地仏《ほんじぶつ》が定められ、また特に修験系の神社を中心に権現《ごんげん》——権《かり》に現れたもの——という、まさに本地垂迹説を体現する神号も登場します。仏教サイドが主導する本地垂迹説に対しては反発もあり、鎌倉時代以降は神と仏の関係を逆転させた神本仏迹説《しんぽんぶつじゃく》なども唱えられますし、それ以外にもさまざまな教説が生まれました。しかし、仏教優位の神仏習合の状況は中世を通じておおむね変わらなかったと考えてよいでしょう。

　潮目が変わるのは近世に入ってからで、まず本質的に現世否定の思想である仏教に対する儒者たちの攻撃が激しくなり、本地垂迹などは附会《こじつけ》にすぎないという批判が噴出しました。他方、古典研究を進める国学者たちは、〝古来の真の日本文化〟を希求する立場から外来宗教である仏教を排斥します。水戸藩・岡山藩など一部の大名領では、すでに江戸時代のうちに神仏の分離が推進されたほどでした。ただ、こうした仏教批判は基本的には知識階級内部のものであり、1つの境内に仏堂と社殿が入り混じって建つような神仏習合的な状況はいまだごく一般的で、民衆にとっては村の鎮守社と仏堂が並ぶ姿が日常の光景だったのです。それが、明治新政府の神仏分離政策により、神社は神社、寺は寺という現在の光景へと一気に舵をきることになったのでした。

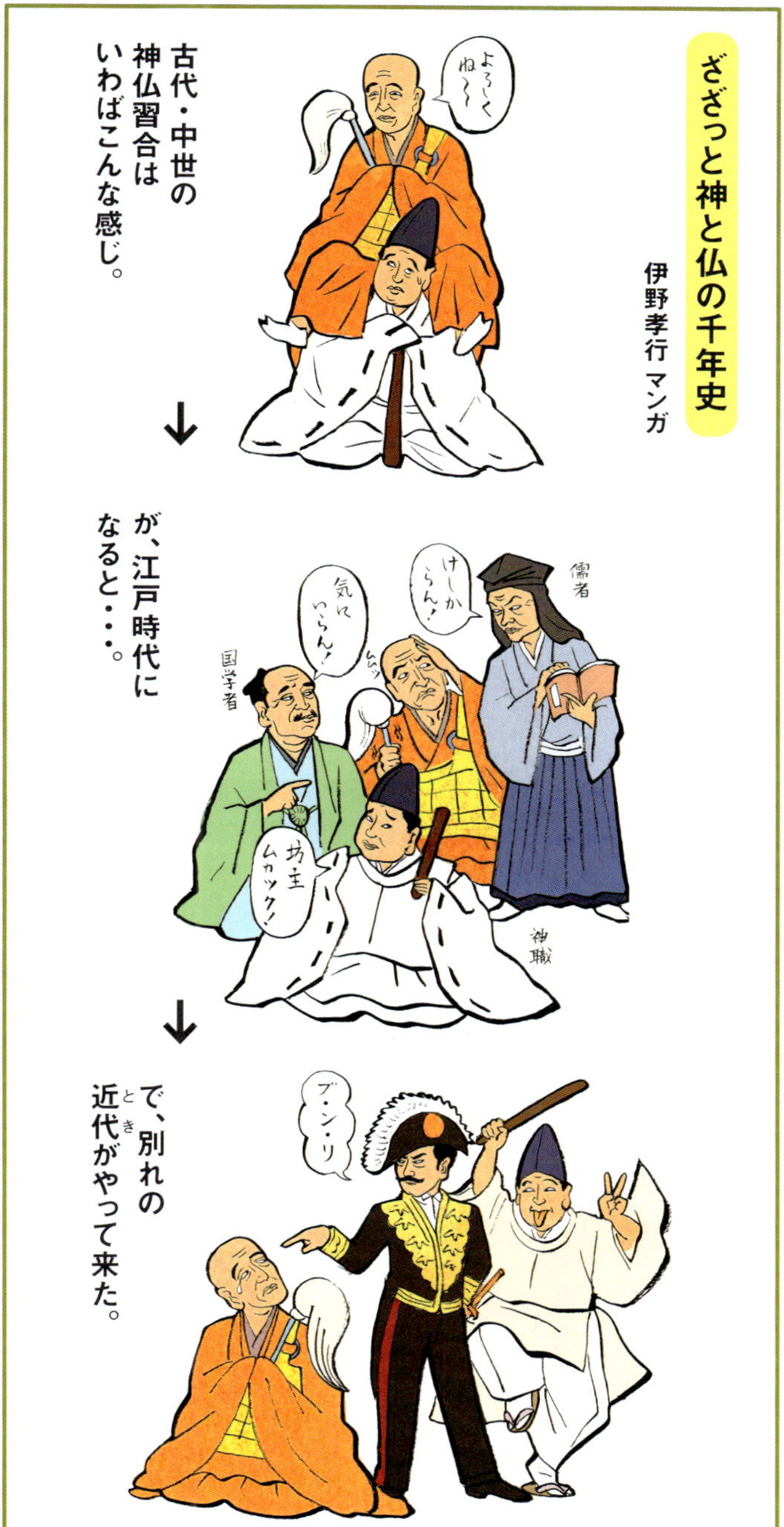

ざざっと神と仏の千年史
伊野孝行 マンガ
古代・中世の神仏習合はいわばこんな感じ。
よろしくねー～
↓
が、江戸時代になると・・・。
儒者
けしからん!
気にいらん!
ムッ
国学者
坊主ムカツク!
神職
↓
で、別れの近代《とき》がやって来た。
ブ・ン・リ

僧形の神が住む
八幡造《はちまんづくり》

宇佐神宮　36〜39頁
石清水八幡宮　40〜41頁 他

八幡造は宇佐神宮、石清水八幡宮の他、柞原《ゆすはら》八幡宮（大分市）、伊佐爾波《いさにわ》神社（松山市）などごく限られた数の八幡社においてのみ見られる極めて珍しい形式で、平安前期、9世紀半ばまでに宇佐（もしくは石清水）で成立したようです。切妻造・平入りの建物を前後に連結しており、宇佐神宮では、御帳台《みちょうだい》（天蓋付ベッド）が置かれた奥の「内院《ないいん》」は神の夜の御座所、椅子が置かれた手前の「外院《げいん》」は昼の御座所とされます。八幡大菩薩という神号からもわかるように、八幡神はとりわけ神仏習合的な性格が強い神で、特に3座のうち応神天皇と同体とされる八幡大神《はちまんおおかみ》（他は比売《ひめ》大神と神功皇后）は、僧形《そうぎょう》八幡として図像化されました。

社殿の発生には人格神化が関わっていたのではないかと「Lecture 1」で述べました。仮説ですけれど、通常の人格神化を超えた〝僧の姿をした神〟また〝応神天皇〟という八幡神のイメージの明確さが、椅子やベッドが置かれた、異例に具体性を帯びた神の生活空間の設定をもたらしたのかもしれません。

屋根の切妻がM字型になっているのが宇佐神宮の本殿（一之御殿）。36〜37頁の写真が撮られた後、平成24〜27年に屋根の葺替えなど修復工事がなされ、輝くような姿を取り戻した。

霊廟としての神社

吉備津造《きびつづくり》

吉備津神社　82〜85頁

入母屋造・平入りの屋根を2つ並べた吉備津造は、岡山の吉備津神社本殿［下］に特有の形式で、他に類を見ません。屋根を前後に2つ、山並のようにくっつけたところは八幡造に似ますが、内部空間の一体性は格段にアップ。神が鎮座する内々陣にむかって床を徐々に高くし、ヒエラルキーの階層をあげてゆく構成［上］など、よく練られたデザインです。

この建物の魅力は、巨大でありながら一種の浮遊感を感じさせるところ。それは大きく反った屋根に加え、縁束《えんつか》（縁を支える小柱）を立てず組物によって縁を支えたことでもたらされました。現社殿は室町初期の再建ですが、設計は鎌倉初期のものを踏襲しているようです。いまだ神社本殿に入母屋造を用いることが一般的でなかった時代にかくも大胆なデザインが受け入れられたのは、この神社が孝霊《こうれい》天皇の皇子で吉備国を平定したキビツヒコを祭る、一種の霊廟とみなされていたためではないかとも言われています。

吉備津神社本殿・拝殿断面図

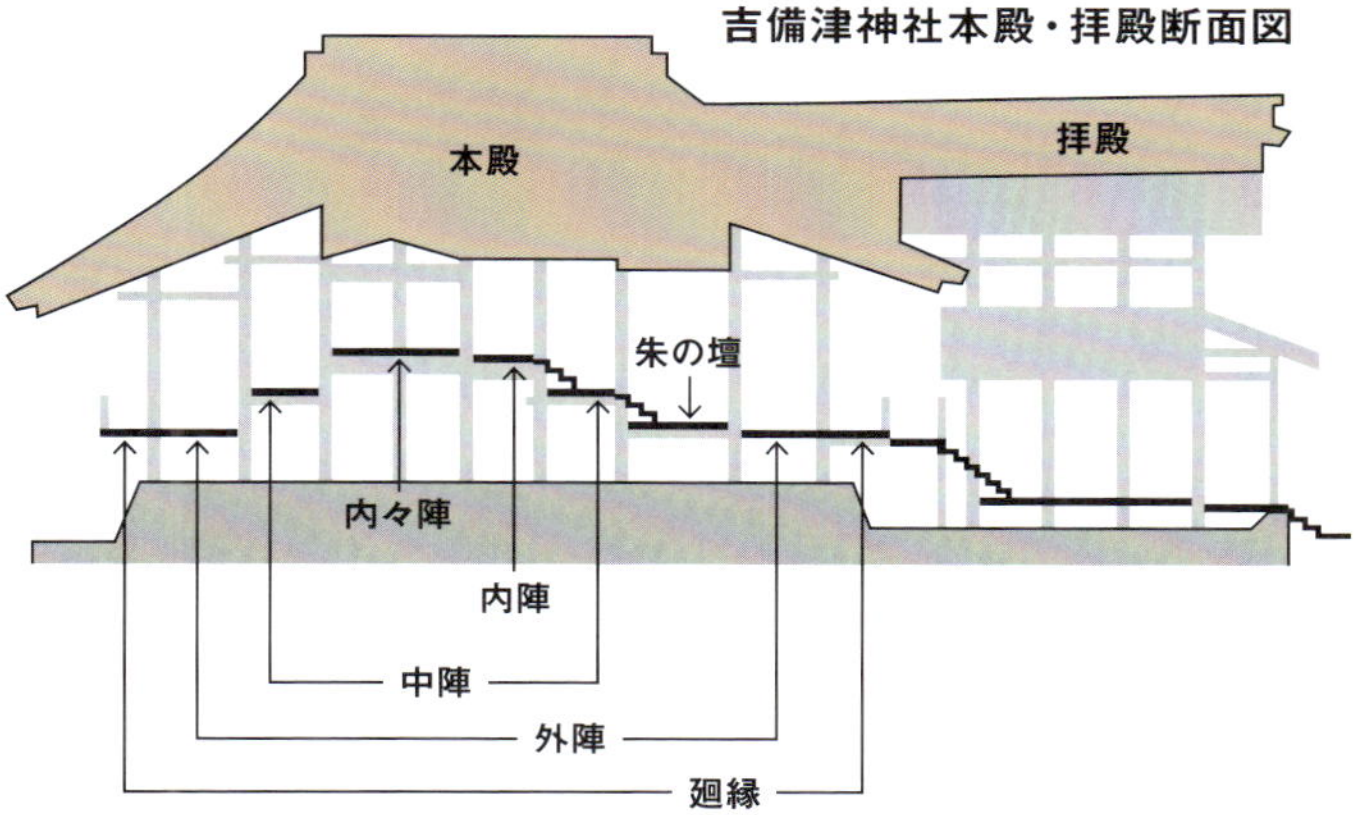

図版作成：atelier PLAN

吉備津神社本殿の屋根を見上げる。山頂にキビツヒコの陵墓がある中山の山麓に鎮座するという、この神社のロケーションがよくわかる。

もう1つの普遍様式

権現造 ごんげんづくり

北野天満宮　158~159頁
日光東照宮　166~171頁 他

室町時代に入ると神社本殿にも入母屋造を採用する例が増えてきます。さらに江戸時代に造られた大型社殿となると、いちばん多いのは入母屋造の発展型である権現造で、この特集で紹介されているだけでも10社を超えるほど。

権現造の権現は、東照大権現の権現です。つまり徳川家康を本地・薬師如来の「権《かり》の現われ」たる東照大権現として祭るにあたり、東照宮の様式として採用されたのをきっかけに全国的に普及したことが名称の由来です。東照宮に限らず幕府の工事でしばしば採用され、大名たちもそれに倣いました。3代将軍・徳川家光の三嶋大社（現社殿は幕末に同規格で再建）［231頁］、5代綱吉の香取神宮［29頁］、6代家宣の根津神社（東京都文京区）などが将軍家造営の権現造の例です。

権現造は、入母屋造・平入りの本殿と拝殿を、それらと直交する棟を持つ石《いし》の間《ま》（幣殿）で連結した「工」の字型の平面を持つ複合社殿の全体を指します［左上］。本殿が流造になっている場合もありますが（鶴岡八幡宮など）、平面が工の字型になっていれば、権現造の一種と考えてよいでしょう。屋根が複雑に組み合わさった権現造は、実際の規模以上に雄大な印象を与え、彫刻などによる装飾も効果的に施すことができます。東照神君を祭る様式として採用された所以です。それと同時に、

権現造平面図
（日光東照宮）

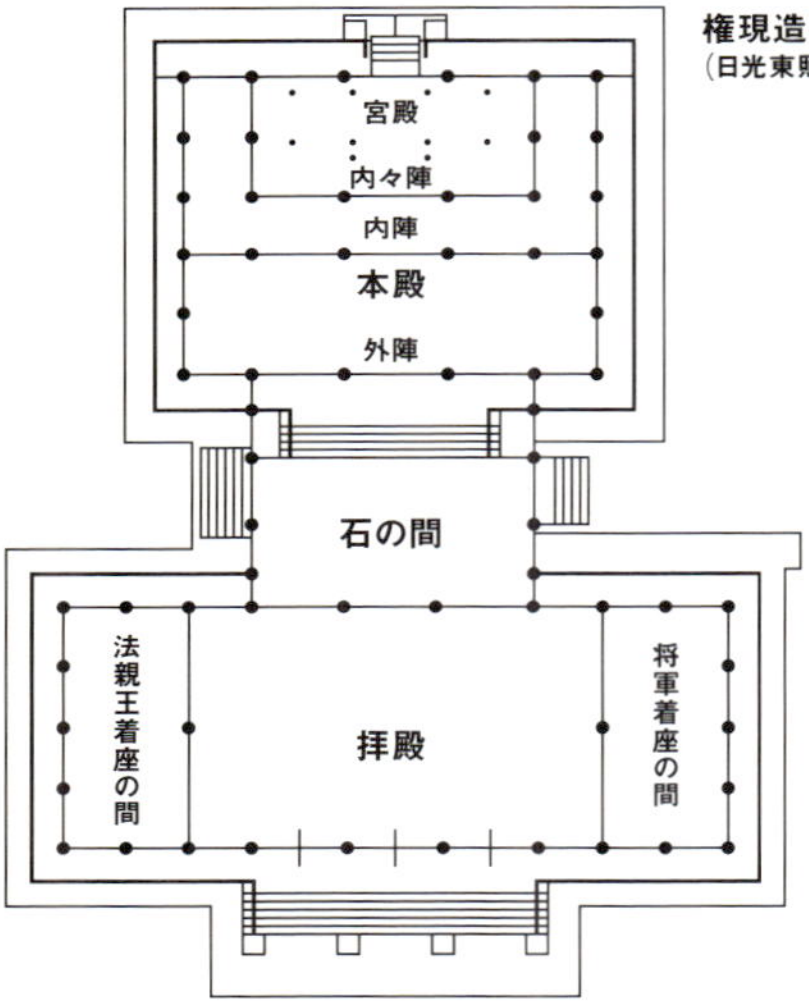

図版作成：atelier PLAN

妙義神社の社殿の側面。左側が拝殿の前面で、右の入母屋が本殿。中央の唐破風は神饌所。宝暦6年（1756）の再建。

北野天満宮境内の御土居の上から見た社殿の側面。右側が拝殿の前面で、平入りの2つの建物を、それと直交するもう1つの建物で連結するという権現造のコンセプトがよくわかる。拝殿の入母屋の手前に重なる小さな入母屋は楽の間。左側の入母屋が本殿。

拝殿と本殿が1つ屋根の下に統合されていることから、神事に際して天候に左右されずに済むという運用上の利点もありました。

権現造の嚆矢は北野天満宮［上］。現社殿は豊臣秀頼の造営で、東照宮と同様、桃山時代らしい装飾意欲の爆発が見られますが、装飾はさておき基本構成については平安後期まで遡るようです。ただし、当初は本殿が通常の入母屋造（四面庇になる）ではなく、日吉大社の本殿［121頁］のように、背面に庇を付けない三面庇だった可能性が高い。なんにせよそのような早い時期に切妻造ではない社殿形式が選択されたのは、北野社が吉備津神社と同様に霊廟的な性格を持つ神社だったためでしょう。もちろん、菅原道真の霊廟ということであり、この点も徳川家康の霊廟たる東照宮のデザインの規範としてふさわしかったわけです。

神仏習合の風景——仏塔のある神社

明治初年の神仏分離の過程で起こった廃仏毀釈により、多くの堂塔や仏像・法具が失われたことはよく知られています。例えば鎌倉の鶴岡八幡宮。真言宗などの社僧によって運営されていたこの神社には、薬師堂、護摩堂、大塔（多宝塔）、経蔵、鐘堂、仁王門などがありましたが、それらは明治3年（1870）までに一掃されました。

全国の神社には境内に仏塔を残す例が、それでも18社ほど見られます。中でも奈良の談山神社の場合は、室町時代の十三重塔が残るだけでなく、境内全体がお寺とも神社ともつかない不思議な雰囲気［右］。背景には、藤原鎌足の廟所から始まった、談山神社の特異な歴史があります（140～141頁参照）。

談山神社の境内。神廟拝所の横から十三重塔を見る。妙楽寺と称していた時代の建物がそのまま残っており、神仏習合時代の雰囲気がよくわかる。

金鑽神社の拝殿の脇から中門を見る。共に伊東忠太の設計で、明治35年（1902）の建造。

埼玉の金鑽神社にはやはり室町時代の多宝塔［142頁］が現存します。ここは本殿が無く、神体山を直接礼拝する数少ない神社の1つです。興味深いのは禁足地を結界する中門［左］。明治政府は神社制度を整備する過程で、境内配置や建物設計の基準を示したデザイン集「制限図」を作成しますが、金鑽神社の中門はどうもその制限図の門に似ている。この神社には、社殿を持たない上古の自然崇拝、中世の神仏習合、近代の神社制度という、各時代の信仰の姿が全て揃っているのです。

兵庫の名草神社の三重塔［143頁下／左頁上］はもともと出雲大社にあったもので、大永7年（1527）、戦国大名・尼子経久の造営です。出雲大社では江戸前期、寛文年間に本殿を造替（現本殿の1代前です）する際、必要な材を名草神社が鎮座する妙見山で得ています。出雲大社はすでに仏教の分離を進めており、用材採取の返礼として、不要な三重塔を現在地に移築したのです。当時、名草神社は妙見菩薩を祭る神仏習合の社でした。なお、本書に紹介された神社のうちだけでも他に、出羽三山神社〔133頁下〕、日光東照宮、榛名神社〔下〕、嚴島神社〔81頁〕に近世以前の古塔が残り、神仏習合時代の面影を伝えています。

名草神社の三重塔の初層軒下の見上げ。4つの隅尾垂木（すみおだるき）には力士（または邪鬼）が跨り、隅木を支えている。塔の全景は143頁下。

榛名神社の三重塔。明治2年（1869）の竣工に前後して神仏分離の波が押し寄せたが、仏塔ではなく神宝殿との名目で破却を免れた。初層の屋根の隅棟上に小さな置千木を乗せて、神社の建物であることを示す。

神社らしさを演出する

　入母屋造の神社本殿が増加する一方、奈良時代までは土間だった寺院の建物が高い床を張るようになるなど、寺と神社の建物の境目は時代が下がるほど曖昧になってゆきます。それでももちろん、神社の建物を神社らしく見せる要素はあります。例えば、屋根の両端から交差して飛び出す千木《ちぎ》や、棟の上に置かれる円筒形の鰹木《かつおぎ》がそれ［下］。どちらも、古墳時代から飛鳥時代にかけての宮殿・住宅建築に由来しますが、現在では神社にしか見られません。千木は本来、破風板《はふいた》が棟を突き破って飛び出したものですが、伊勢神宮など一部を除けば、棟の上にX字型の部材を置く「置千木《おきちぎ》」に変わっています。構造材だったものが単なる装飾・象徴になったわけです。

　それから、屋根の材にも注目してみて下さい。実際、本書に登場する神社の本殿はほとんどが檜皮葺《ひわだぶき》です。近世以降、瓦葺の神社本殿も現れますが、名高い古社の場合、檜皮葺か、でなければ茅葺《かやぶき》か柿葺《こけらぶき》の場合がほとんど。また、近代になって建てられた社殿で多いのは、檜皮葺の形を模した銅板葺です。檜皮葺の寺もありますし、区別のための絶対的な指標にはなりませんが、傾向性としては認められるでしょう。

　ではなぜ、耐久性や耐火性で瓦葺に劣る檜皮葺が選ばれるのかと言えば、1つには縋破風《すがるはふ》［左頁上］や箕甲《みのこう》［左頁下］といった、春日造や流造の屋根に生じる微妙な曲線・曲面を美しく仕上げるのに適しているからです。デザイ

千木が外削（そとそぎ）で鰹木が9本。
そう、これは伊勢神宮外宮の正殿の屋根です。

ンとの適合性ということですね。しかし、より決定的には瓦が寺院建築とセットで大陸からもたらされたものであり、瓦葺は寺や役所のものという意識が強かったためでしょう。神社だけでなく、住宅建築でも瓦葺が採用されるのはかなり遅くなってからです。ちなみに日光東照宮の屋根は瓦葺のように見えますが、じつは木材を銅板でくるんだもの。本殿など主要な建物は当初、檜皮葺でしたが、後に現在の形に変更されました。

[上] 宇治上神社の拝殿は、住宅風の軽やかな佇まいの建物だ。縋破風とは屋根の先にさらに片流れの屋根を付した時に現れる破風で、この建物の屋根の左右のかくんとなった先がそれ。
[下] 御上神社の摂社・若宮神社。一間社流造の美しい建物だが、ここでは屋根面の左右の端に現れる箕甲を見ていただきたい。この写真で言うなら、前面側の屋根のカーヴが右下に向かってぎゅっと押し込まれている部分がそれ。117頁のイラストレーション参照。

第5章 人、神となる

APOTHEOSIS

菅原道真、将門、秀吉、家康に、明治天皇。誰が彼らを神にしたのか?
なぜ彼らは神にならねばならなかったのか?
御霊を鎮める神社から天下人や天皇を顕彰する神社まで、
人を祭神にした神社から見えてくる、もう1つの神々のクロニクル。

延長8年（930）6月26日、清涼殿の西南の柱に落雷があり、醍醐天皇の眼前で大納言・藤原清貫（きよつら）をはじめ複数の死傷者が出た。清貫が、菅原道真失脚事件の関係者だったことから、落雷は道真の怨霊のなせるわざだとして人々は恐れおののき、また道真を天神=雷神とみなす信仰の端緒ともなった。国宝《北野天神縁起絵巻》の巻六には、この事件がいきいきと描き出されている。黒雲の中で雄叫びをあげるのは、神となった道真の眷属である「火雷火気毒王」。
8巻　鎌倉時代（13世紀）　紙本着色　各縦51.8〜52.1cm／長841.9〜1211.6cm　北野天満宮蔵

天満宮総本社は「権現造」のプロトタイプ

北野天満宮《きたのてんまんぐう》

菅原道真を祭る
1

祭神 菅原道真公《すがわらのみちざねこう》
創建 天暦元年（947）
社格 二十二社・官幣中社
文化財 国宝＝本殿・石の間・拝殿・楽の間、北野天神縁起絵巻8巻
重文＝中門、回廊2棟 他

人を祭神とする信仰の代表格は菅原道真を祭る天神信仰。道真の神格化のプロセスについては176頁からの伊藤聡氏の解説に譲るとして、「全国神社祭祀祭礼総合調査」によれば、天神信仰の神社数は八幡信仰、伊勢信仰に次いで多い。八幡宮も応神天皇を祭っているじゃないかと言われそうだが、あちらは半ば神話上の存在。細かな事跡が伝わり、大部の詩文集も残る道真と一緒にはできない。

天神信仰の中核が北野天満宮だ。祭神が学問・詩歌の神ということもあり、中世には連歌会などが頻繁に興行され、一大学芸センターの観を呈した。そうした文化イベントの頂点が、豊臣秀吉が主催した北野大茶会だろう。境内西側にはその秀吉が造らせた京都を囲む土塁「御土居《おどい》」が数百メートルにわたって現存。そこに登ると社殿の雄大な屋根の連なりが一望できる「151頁」。ちなみに現社殿は豊臣秀頼の造営。菅原道真の霊地は同時に、豊臣家2代の栄華の夢の跡でもあるのだった。

[上] 天満宮といえば受験合格祈願。修学旅行シーズンということもあって、拝殿の前には中高生が溢れていた。千鳥破風、軒唐破風、蟇股（かえるまた）などに桃山風の豪華な装飾が施されている。
[左]梅苑や御土居周辺のもみじ苑など、境内には見どころが多い。こちらは休憩所を兼ねた絵馬所（えまじょ）。元禄12年（1699）の建物で、ジュースで喉を潤しつつ見上げると近世の大絵馬がびっしり。

[右頁] 社殿は、本殿・石の間・拝殿が一体化したいわゆる権現造（当宮ではさらに楽の間が付く）。現在の建物は、右大臣・豊臣秀頼が片桐且元を普請奉行として慶長12年（1607）に造営したもので、江戸時代を通じて盛んに造られた権現造社殿のプロトタイプをなす。写真は本殿の裏手から。

京都府

京都市上京区馬喰町　☎075-461-0005　HPあり
京福電鉄北野線・北野白梅町駅から徒歩10分

菅公の墓廟から発展したもう1つの総本社

太宰府天満宮《だざいふてんまんぐう》

祭神 菅原道真公《すがわらのみちざねこう》
創建 延喜5年(905)
社格 官幣中社
文化財 国宝＝翰苑 巻第卅
重文＝本殿、末社 志賀社本殿 他

菅原道真を祭る
2

菅原道真を祭るもう1つの重要な神社がこちら。京で右大臣として活躍していた菅公は讒言により大宰権帥《だざいのごんのそち》に左遷され、2年後の延喜3年（903）、無念のうちに九州のこの地に没した。遺体を牛車で運んでいたところ、急に牛が動かなくなったためその場に遺体を埋葬し、2年後に祠廟を建てたのが太宰府天満宮の始まりという。祠廟の呼び名として安楽寺という寺号と共に天満宮の名が見えるようになるのは正暦元年（990）頃から。その後、大宰権帥が天満宮の祭祀を務めるようになり、道真の子孫が京から下向し

［上］前庭の池に架かる3つの橋を渡ると正面に荘厳な楼門、右手に手水舎が現れる。中国からの参拝客が急増中。
［下］境内には20を超える摂社・末社がある。こちらは東側の神苑そばにある小さな摂社群。
［右頁］本殿は筑前国主・小早川隆景が天正19年（1591）に再建した五間社流造。向拝の唐破風の彫刻は絢爛壮麗な桃山風。大きな神社には珍しく拝殿がなく、本殿の中で祈禱を受けられる。

て安楽寺の別当となった。道真を慕って京から一晩で飛んできた「飛《とび》梅《うめ》」（現在も本殿そばに立つ）の伝説は有名だが、本殿の周りには道真の師や家族など近しい人々を祭る小さな摂社・末社が集まり［左］、アットホームな雰囲気。宝物殿では神前に捧げられた約5万点の宝物の一部が見られ、近年は現代アーティストが境内に作品を展示する試みも行われている。

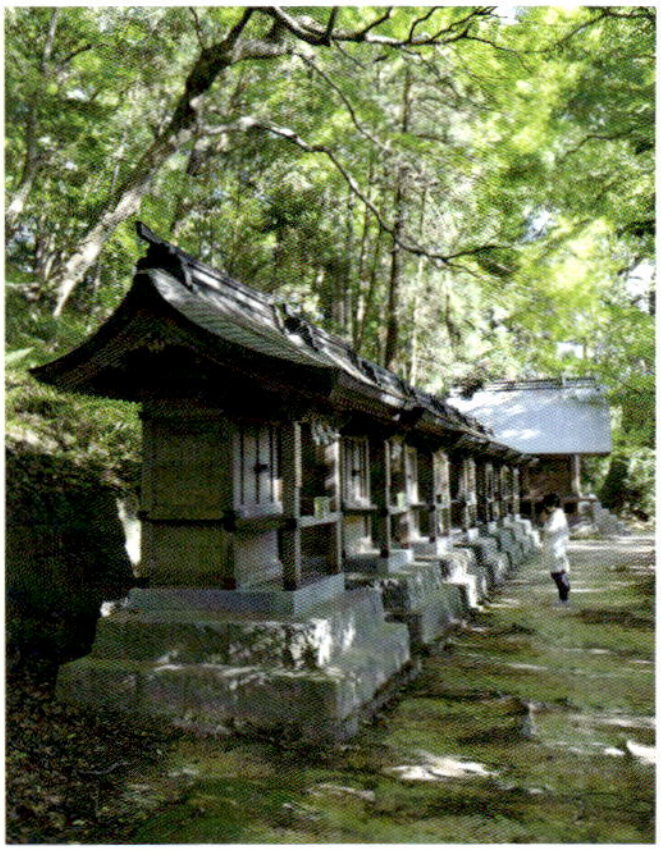

太宰府市宰府4-7-1　☎092-922-8225　HPあり
西鉄太宰府線・太宰府駅から徒歩5分

境内は閑寂なおもむき。元禄3年（1690）、別当の小栗栖祐玄（俳号=示右）に招かれて参詣した芭蕉は、凡兆、去来、史邦らと共に歌仙を巻いて奉納した。境内には芭蕉が詠んだその発句〈半日は神を友にや年忘レ〉の句碑も立つ。

応仁の乱勃発の地
ともなった「御霊の森」に

御霊神社《ごりょうじんじゃ》

御霊たちを祭る

祭神　崇道天皇《すどうてんのう》
井上大皇后《いのへのおおきさき》
他戸親王《おさべしんのう》
藤原大夫人《ふじわらのだいふじん》
橘　大　夫《たちばなのたいふ》
文大夫《ぶんのたいふ》
火雷神《からいしん》
吉備大臣《きびのおとど》

創建　延暦13年（794）

社格　府社

貞観5年（863）、朝廷は神泉《しんせん》苑《えん》で御霊会《ごりょうえ》を開催するが、その折の6座の祭神のうち4座（崇道、藤原、橘、文）までが現在もここ御霊神社（上御霊神社）に祭られている。また、残り2座（伊予親王、藤原広嗣）は中京区の下御霊神社の祭神に含まれる。いわゆる御霊信仰の歴史を偲ぶのにこの2つのお社以上の場所はないだろう。

そして当社にはもう1つ、歴史ファンには見逃せない要素がある。応仁・文明の乱がまさにここ「御霊の森」を舞台に始まったからだ。往時は2倍の広さがあったという境内に前管領の畠山政長が布陣。家督を争う従兄の畠山義就《よしなり》がこれに襲いかかった。敗北した政長は脱出に際して社殿に放火する。京の都を焼き尽くす大乱の幕開けであった。

京都市上京区上御霊前通　烏丸東入上御霊竪町495
☎075-441-2260
京都市営地下鉄烏丸線・鞍馬口駅から徒歩3分

京都府

ビル街のあわいの境内で
味わう江戸情緒

神田神社《かんだじんじゃ》

平将門を祭る

祭神　一の宮　大己貴命《おおなむちのみこと》
　　　二の宮　少彦名命《すくなひこなのみこと》
　　　三の宮　平将門命《たいらのまさかどのみこと》
創建　天平2年（730）
社格　府社

「神田明神」の名で親しまれる神田神社。徳川家康を関ヶ原の戦いで勝利に導いてからは幕府の庇護を受け、元和2年（1616）、江戸城の表鬼門守護の場所にあたる現在地に移転。広く崇敬されることは今も変わらず、商売繁昌や勝負事の祈願にと訪れる会社員や若者の姿はあとを絶たない。遠くに望む高層ビル群やスカイツリーとあいまって、東京らしい境内風景をなしている。

平将門命は、その御首《みしるし》を葬った将門塚（大手町のビル街の一画に現在も残る）周辺で疫病がおこったことから供養され、延慶2年（1309）、当時は将門塚の近くにあった当社の祭神に加えられた。もちろん御霊神の一例ということになる。

神社は本郷通りに面する。趣向を凝らした1000人規模の祭礼行列に、大小約200基の神輿が練り歩く、2年に一度の神田祭もお見逃しなく。

東京都
千代田区外神田2-16-2　☎03-3254-0753　HPあり
JR中央線他・御茶ノ水駅から徒歩5分

「吉田神道」発祥の地に建つ
特異な八角形社殿

吉田神社《よしだじんじゃ》

吉田兼倶を祭る

祭神 第一殿 健御賀豆知命《たけみかづちのみこと》
第二殿 伊波比主命《いわいぬしのみこと》
第三殿 天之子八根命《あめのこやねのみこと》
第四殿 比売神《ひめがみ》

創建 貞観元年(859)

社格 二十二社・官幣中社

文化財 重文＝末社 斎場所大元宮

平安前期の公卿・藤原山蔭《やまかげ》が、春日神を勧請して私《わたくし》に祭ったのが当社の始まりで、一条天皇（母・詮子《せんし》が山蔭の曾孫）が即位したことで社格が上がり、後には二十二社の列に加えられた。

京都大学に程近く、神楽岡の西麓に位置し、起伏に富んだ境内はおもむき深く、拝殿越しに拝する春日造の本殿も美しい［左頁下］。だがここで注目すべきはやはり、八角形平面の不思議な建物を中心に、全国の神々を合祀した斎場所大元宮《さいじょうしょだいげんぐう》［左頁上］だろう。

神道史上の革命家とも言うべき吉田兼倶《かねとも》が文明16年（1484）に造営した斎場所大元宮は、個人に発する理念を形にしたという意味で、日本では稀に見る建築空間である。その理念とは、神仏習合・本地垂迹を否定した唯一神道《ゆいいつしんとう》（＝吉田神道）であり、大元宮は神道祭祀の根源地として構想されている。一方、末社の神龍社《しんりゅうしゃ》［右］は見たところ普通の祠のようだが、じつはその下には兼倶が埋葬されている。遺骸が眠る上に祠を建てて神として祭るという、全く新たな人神信仰の形式がここに始まったのである。

吉田兼倶を祭る神龍社。兼倶は吉田神社の社家・吉田家の出身。吉田家はもともと古代以来の祭祀氏族・卜部（うらべ）氏であり、南北朝時代の兼熙（かねひろ）の時に吉田を家名とした。

［上］末社・斎場所大元宮の全景。大元宮本殿は、神社建築では例外的な八角形の平面を持ち（さらに背面に六角形の房が付く）、屋根は茅葺。千木は前側が内削、後側は外削、鰹木は前3本が円材、後2本が角材と、細部に至るまで異例ずくめだ。現在の建物は慶長6年（1601）の再建。後方には伊勢の内宮と外宮とが祭られ、左右には全国の式内社3000余座を合祀した長棟の神殿が弓なりに続く。

［左］拝殿越しに本社本殿を拝する。春日大社本殿と同形式で、春日造の建物4棟が横に並ぶ。現在の建物は天文3年（1534）の造営で、慶安元年（1648）に改造を受けた。

京都府

京都市左京区吉田神楽岡町30
☎075-771-3788　HPあり
京阪本線他・出町柳駅から徒歩20分

東照神君の華麗なる遺産

日光東照宮

[上]平成28年5月に行われた「百物揃千人武者行列」。御旅所から戻る神輿を先導する武者たちがくぐる石鳥居は元和4年（1618）に黒田長政が寄進したもの。[左頁]拝殿から唐門を通して陽明門の背面を見る。唐門にほどこされているのは徳川秀忠の干支である兎、唐木・唐花や「竹林の七賢人」などの彫刻で、鋳物師・椎名兵庫による。胡粉の白を多用した門はどこかロココ的、壮麗ながら砂糖菓子のようなはかなさをも感じさせる。

獅子もいる馬もいる

日光東照宮

[右頁]陽明門にズームインしてみれば、肘木（ひじき）の先端を飾る半丸彫りの唐獅子たちが、「あ」と「うん」を交互に繰り返していました。黒、緑、金など濃い色のコントラストが強烈。[左頁]千人武者行列の御旅所で神事が行われている間、出番を待つ馬たち。この日は人間に負けず劣らずおめかし。

壮麗さで名高い陽明門は、その細部をじっくり見ていると、あっという間に日が暮れてしまうため「日暮し門」とも呼ばれる。霊獣や中国の故事を題材にした彫刻は総数508体！ 中央に後水尾天皇の宸筆「東照大権現」の勅額を掲げ、左右には随神像が控える。現在は平成の大修理中でカバーがかけられているが、平成29年4月には再びその姿を現わす予定。奥に見えるのは拝殿前の唐門。

建造費青天井！
地形を生かして配された極彩色の建築群

日光東照宮《にっこうとうしょうぐう》

徳川家康を祭る
1

祭神　徳川家康公《とくがわいえやすこう》
創建　元和3年（1617）
社格　別格官幣社
文化財　国宝＝本殿・石の間・拝殿等8棟、太刀 銘助真、太刀 銘国宗
重文＝五重塔、狩野探幽筆 東照宮縁起5巻 他

彫刻で装飾された社殿は珍しくはないものの、この密度と色彩は別格だ。本殿に向かって次第に高くなっていく地形を生かした建築の配置もテーマパークのようで楽しい。祭られているのは、言わずと知れた東照大権現＝徳川家康。元和2年（1616）、駿府に没した家康は同地の久能山に葬られて神格化され、翌年、遺言に基づいてその遺体が神霊と共に日光に移された。春と秋に当社で行われる渡御祭《とぎょさい》「百物揃《ひゃくものぞろえ》千人武者行列」はその時の行列の様子を再現し、神霊を乗せた神輿を運ぶ賑やかな神事だ［166頁／169頁／下］。2代将軍・秀忠が建てた社殿は、3代家光による3年がかりの大改築を経て寛永13年（1636）、現在の様相に。「費用お構いなし」――つまり予算が青天井だったため、建築内外の装飾は狩野探幽とその一門をはじめ、鋳物、鍛金、蒔絵、石膏などに当代随一の名工の技を集めて造替された。神仏分離以前は日光二荒山神社［223頁］と共に輪王《りんのう》寺《じ》と一体だったため、当社の境内には、今も本地堂や五重塔など壮麗な仏教建築がいくつものこる。

手前の徳川家康を乗せた神輿に続くのは、豊臣秀吉と源頼朝を乗せた神輿。秀吉と頼朝は明治期に相殿神として配祀された。

栃木県
日光市山内2301　☎0288-54-0560　HPあり
JR日光線・日光駅、東武日光線・東武日光駅から車8分

国宝の唐門。前後の唐破風の棟を支える蟇股（かえるまた）の内側には、秀吉の紋章である「太閤桐」の雄渾な透彫（すかしぼり）が。桃山時代の建立。

豊国神社《とよくにじんじゃ》

豊臣家の栄華を伝える国宝の唐門

豊臣秀吉を祭る

祭神　豊臣秀吉公《とよとみひでよしこう》
創建　慶長４年（１５９９）
社格　別格官幣社
文化財　国宝＝唐門
重文＝狩野内膳筆
豊国祭図屛風 他

豊臣秀吉の死の翌年、後陽成天皇から「豊国大明神」の神号を賜って誕生したのが豊国神社。創建当時は広大な社領を有していたが、徳川の時代になって神号は剝奪、廃社とされ、荒廃していった。

その惨状を知った明治天皇が、「天下を統一しながら幕府を開かなかったのは尊王の功臣である」と秀吉を再評価。明治元年（１８６８）、豊国神社の再興を命じ、同13年に、かつて秀吉が大仏を建立した方広寺の境内跡地に社殿が完成する。

国宝の唐門［上］は、伏見城の城門であったものが、二条城へ、後に南禅寺の金地院《こんちいん》に移築されていたもの。前後の唐破風、緻密な装飾彫刻など、絢爛な桃山様式をよく伝えている。西本願寺、大徳寺の唐門と合わせて「国宝の三唐門」とされる。

京都市東山区大和大路正面茶屋町530　☎075-561-3802
京阪本線・七条駅から徒歩7分

駿河湾を見下ろす最初の東照宮

久能山東照宮《くのうざんとうしょうぐう》

徳川家康を祭る 2

祭神 徳川家康公《とくがわいえやすこう》
創建 元和3年（1617）
社格 別格官幣社
文化財 国宝＝本殿・拝殿・石の間、太刀 銘真恒
重文＝唐門、金陀美具足、歯朶具足 他

徳川家康を祭神とする東照宮は、全国に幾百となく造営されたという。もちろん、諸大名が競って自領に勧請したためだ。久能山東照宮はその源流で、元和2年（1616）4月17日、家康が駿府城で没した当日の夜のうちに、遺骸を久能山へ運び神葬したのが始まり。江戸城はじめ幕府の重要工事を担ってきた大工棟梁・中井正清の指揮のもと、翌年までに主要社殿が整えられ、正遷宮が行われた。日光東照宮［166～171頁］に比べれば小規模ながらやはり豪華な権現造［下］。附属の久能山東照宮博物館は、古備前刀の優品である《太刀 銘真恒《さねつね》》、今川義元麾下の若き家康が着用した《金陀《きんだ》美《み》具《ぐ》足《そく》》など、武具の所蔵品がとりわけ充実している。

久能山東照宮の拝殿。久能山は駿府城から東へ約8キロ、標高は219メートル。戦国たけなわの頃には山城が築かれたこともある要害の地だ。

静岡市駿河区根古屋390 ☎054-237-2438 HPあり
日本平ロープウェイ・久能山駅から徒歩1分

應天門から大極殿を望む。大極殿は外拝殿にあたり、奥にはさらに内拝殿、本殿がある。入母屋造の屋根には碧瓦、棟の両端には金色の鴟尾（しび）を置く。

平安宮を
目の当たりにする社殿

平安神宮《へいあんじんぐう》

天皇を祭る 1

祭神 桓武天皇《かんむてんのう》 孝明天皇《こうめいてんのう》
創建 明治28年（1895）
社格 官幣大社
文化財 重文＝大極殿、應天門 他

平安遷都１１００年を記念して創建された当社には、幕末の混乱と東京遷都で荒れ果てた京の町の復興を願う人々の思いが込められている。

社殿は、祭神である桓武天皇時代の大内裏《だいだいり》（平安宮）の正庁「朝堂院《ちょうどういん》」を8分の5サイズで再現［上］。伊東忠太、木子《きのこ》清敬《せいけい》らが設計に携わった。昭和3年（１９２８）の昭和天皇御大典記念事業の一環として参道に建てられた高さ24メートルの大鳥居も今や京の町のシンボル。皇紀２６００年の昭和15年（１９４０）には孝明天皇が合祀され、平安京最初の天皇と有終の天皇が祭神として相並んだ。

平安から明治に至る風俗を忠実に模した「時代祭」は創建と同時に始まり、毎年10月22日に開催されている。約２０００名、２キロに及ぶ行列は壮観だ。

京都市左京区岡崎西天王町　☎075-761-0221　HPあり
京都市営地下鉄東西線・東山駅から徒歩10分

京都府

都心の森に囲まれた
近代神社建築の粋

明治神宮《めいじじんぐう》

天皇を祭る 2

祭神 明治天皇《めいじてんのう》 昭憲皇太后《しょうけんこうたいごう》
創建 大正9年(1920)
社格 官幣大社
文化財 重文=明治神宮宝物殿 他

総面積70万平方メートルの境内に鎮座する明治神宮。原宿駅を起点に、檜造の明神鳥居としては日本一の大鳥居を抜けて本殿を目指せば、周囲の観光客の高揚が伝染《うつ》るのか、心が浮き立つ。一方、裏手の西参道や北参道からぶらり歩けば、都心とは思えぬ清らかな空気と緑の静けさにホッとひと息。どちらのコースもお勧めだ。この杜は創建時、人工的に造られたもの。本殿は第2次大戦の空襲で焼失したが、昭和33年(1958)、近代神社建築の第一人者・角南《すなみ》隆(1887〜1980)の設計で再建された。空撮写真を見ると、一体感のある流麗な屋根の連なりがみごと［左］。和風建築の伝統を重んじつつ、モダニズムのテイストをも採り入れた名建築といえよう。

空から見る内苑の杜の深い緑。鳥居・南神門・外拝殿・内拝殿が一直線に続く。一番奥、屋根に千木や鰹木を載せたのが本殿。

東京都
渋谷区代々木神園町1-1 ☎03-3379-5511 HPあり
JR山手線・原宿駅から徒歩1分

Q&A 2

人を神として祭るということ

伊藤聡　解説
別府麻衣　イラストレーション

Q　神社には豊かな森が付きものですし、神道には自然崇拝のイメージがあります。一方で実在の人物を祭る神社も多いですね？

北野天満宮［158〜159頁］の菅原道真（845〜903）など、人を祭神とする神社は古代からあります。ただし、数はごく少なかったし、祭神化するのはその人物の没後かなり時が経ってからでした。しかし、近世以降、さらに近代に入ると人が神として祭られるケースが激増し、かつ祭神化のスピードも早まる。中でも、靖國神社のように戦没者の霊を集合的に祭る形態は全く非伝統的なものです。長州藩が、馬関《ばかん》戦争における戦死者等を神道式で祭った下関・桜山の招魂場《しょうこんじょう》（現・櫻山神社）がその嚆矢。明治元年（1868）には、戊辰戦争で戦死した官軍兵士を祭る場として京都に霊山《りょうぜん》官祭招魂社（現・京都霊山護国神社）が、翌年には東京招魂社が創設されました。東京招魂社は明治12年（1879）に靖國神社と改称され、現在に到ります。

Q　死者を祭るなら仏教式でもよかったのでは？

尊王の志士たちは、仏教排斥の傾向が強い国学や水戸学に感化されていましたからね。それが神仏分離、ひいては廃仏毀釈にもつながるわけです。ただ、神道には宗教として決定的な弱点があって、死者儀礼を持っていない。室町後期以降、江戸時代を通じて、神葬祭の事例も積み重ねられてきたとはいえ、江戸幕府が葬式を寺院の管轄と定めていたこともあってほとんど普及しませんでした。招魂社の祭祀はまさにその幕府の崩壊に際しての新たな試みであり、神道国教化への布石でもありましたが、結局は失敗してしまう。神道による死者儀礼が、その後もほとんど広まっていないことはご承知の通りです。

Q とはいえ靖國神社には慰霊・供養の施設というイメージもありますが？

死者供養の要素が前面に出てくるのは戦後になってからなのです。その変化は敗戦によってもたらされました。昭和22年（1947）、「みたままつり」が創始されますが、あれは仏教のお盆そのもの。慰霊の場として必要なのだと訴えることで、GHQによる靖國神社廃止を免れようとしたのです。なるほど〈拝むはずみのお念仏〉と「九段の母」に歌われているように、戦前も遺族にとっては個人的な供養の空間であったはずですが、それは潜在的な事情。靖國を管理する陸海軍がそれを認めていたわけではありません。靖國神社に公に期待されていたのは、戦死者を〝英霊〟として祭り、その死を国家が意義付けること（顕彰）による遺族感情の慰撫であり、葬儀・供養は彼らの出身地で各々の宗旨に基づいて行われていました。

Q よくわかりました。では改めて、人が神となることの歴史を教えてください。

古代日本人は万物に宿る霊をタマとして認識しており、そのうち相対的に強力なタマが神でした。原初的な神は決して慈悲深い存在ではなく、人々はむしろ祟りを恐れるがゆえにこそ祭り続けたのですが、奈良時代には、死者のタマのうちにも神に比すべき祟りをなす（具体的には疫病や自然災害を引き起こす）ものがあると考えられるようになります。それがやがて、神を祭って祟りを鎮めるように、人のタマを祭って祟りを鎮めようとする行為となる。これが御霊《ごりょう》信仰です。

どういうタマが御霊化するのですか？

権力闘争に敗れて死んだ者、政治的敗者たちです。初期の事例としては、長屋王《ながやおう》（藤原四兄弟の策謀で自死に追い込まれる）、藤原広嗣《ひろつぐ》（反乱を起こして敗死）、橘《たちばなの》奈良麻呂《ならまろ》とその与党（藤原仲麻呂の排斥を図ったかどで拷問死）といった奈良時代の政治家たちが挙げられます。彼らの祟りによって政敵が死んだり、疫病が起こったりしたと噂されたのですが、まだ神として祭られる段階には到っていません。

怨霊に対する意識が、神格化へと発展していくきっかけは、桓武天皇が死に追いやった井上内親王（桓武の父・光仁天皇の皇后、ただし桓武の生母ではない）と早良《さわら》親王（桓武の皇太弟）という2人の近親者の怨霊に悩まされたことでした。桓武は早良に崇道《すどう》天皇と追号し、井上を皇后に復位するなど2人の名誉回復を図り、仏教法会を繰り返しますが、その甲斐もなく、恐怖の中で死んでいきます。

カリスマ的帝王を苦しめたことで、怨霊の概念がメジャー化したのですね？

平安初期にはこの後も数々の政治事件が起こりますが、そこには常に怨霊の噂がつきまといました。しかし、じつは怨霊を神として祭り始めたのは、政治の当事者たちではなく、祟りが引き起こす疫病の被害者である民衆でした。朝廷は当初はそうした動きを封じようとしたのですが、ついには無視しえなくなり、貞観5年（863）5月、神泉苑《しんせんえん》（大内裏に隣接する庭園）において御霊会《ごりょうえ》を開催します。御霊として祭られたのは、崇道天皇、伊予親王、藤原夫人《ぶにん》（藤原吉子《きっし》）、観察使《かんさつし》（藤原広嗣または仲成）、橘逸勢《たちばなのはやなり》、文室宮田麻呂《ふんやのみやたまろ》の6柱でした。これ以後も御霊会は何度か行われ、御霊信仰は疫神信仰との融合を深めます。その流れから牛頭《ごず》天王という独特の神格が現われ、10世紀の前半にはその拠点として祇園天神堂《ぎおんてんじんどう》（祇園感神院）が創建されました。これが祇園社、現在の八坂神社［125頁］であり、ここで恒例化した祇園御霊会が祇園祭へと発展してゆきます。

菅原道真は、まさに御霊信仰の勃興期の人だったのですね？

藤原氏出身ではなかったにもかかわらず、宇多上皇の信任によって昌泰2年（899）、右大臣にまで引立てられた道真は、2年後に突然、大宰権帥《だざいのごんのそち》に左遷され、延喜3年（903）、失意のうちに大宰府で客死します。左大臣・藤原時平《ときひら》による策謀であり、道真の死の直後から怨霊の噂がささやかれました。疫病が蔓延し、雷雨がしきりに起こり、延喜8年には関係者の1人だった藤原菅根《すがね》が、そして翌年には首魁の時平が病死。さらに延喜23年、醍醐天皇の皇子で時平の甥にあたる皇太子・保明《やすあきら》親王が21歳の若さで死去し、次いで立太子した保明の子・慶頼《よしより》王も5歳で夭折する。そして延長8年（930）6月、宮中の清涼殿に落雷があり、天皇の眼前で複数の死者が出ます。これが道真が天神（雷神）とみなされる発端ですが、死者には陰謀の関係者だった藤原清貫《きよつら》も含まれており、ショックからか病みついた醍醐天皇も3カ月後に死去してしまう。これらすべて、さらにその後に起こった藤原純友・平将門の叛乱（承平・天慶の乱）までもが、道真の怨霊と結びつけられたのです。

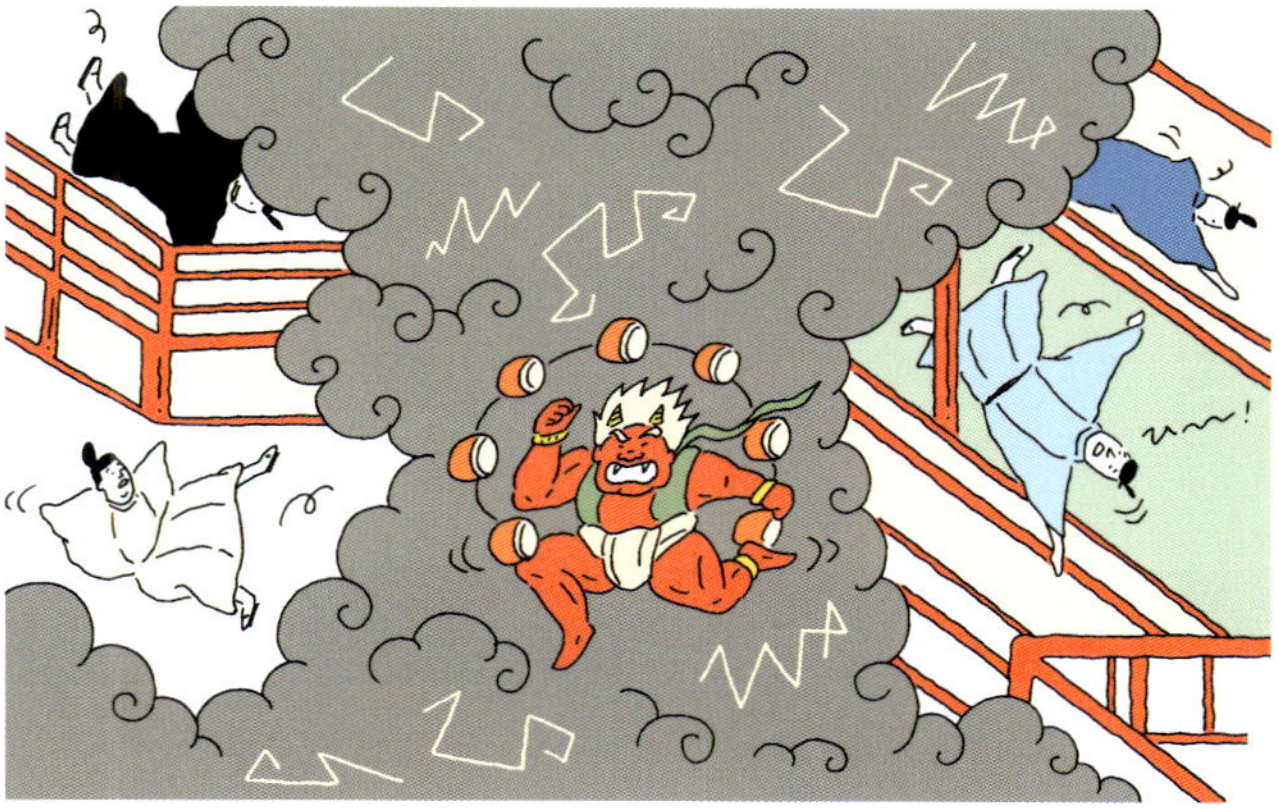

Q 数十年にわたって社会の強迫観念《オブセッション》になったとはすごいですね。

すでに時平の生前から朝廷は、道真の官位を元に戻すなど、怨霊の慰撫に努めてはいます。しかし、神としての祭祀は、またしても民間から始まりました。天慶5年（942）、京都の右京に住む多治《たじ》比文子《ひのあやこ》という女性に道真の託宣が下ったのです。一庶民に過ぎない文子が建てた小さな祠は次第に信者を増やし、5年後には北野の地に改めて社殿が設けられました。これが北野天満宮で、数度の拡張を経て、京都有数の神社へと成長し、二十二社の1つにも数えられるに到ります。背景には民衆の支持もさることながら、藤原時平の弟・忠平《ただひら》やその子孫たちのバックアップがありました。怨霊による（?）

早世者が続いた時平流が衰退してしまったのに対し、道真の怨霊を味方に付けた忠平流が藤原氏の嫡流となり、摂関の地位を独占するのです。

Q したたかですね、藤原氏は。

崇道天皇や井上内親王は現在も京都の上御霊神社（162頁）や下御霊神社で祭られていますが、御霊が御霊のまま終始するなら、その信仰はマイナーなものにとどまります。道真の場合は摂関家の守護神となり、やがては慈悲救済の神、詩歌の神、そして学問の神といったさまざまなポジティヴな性格付けがなされたことで、広く信仰されることになりました。もちろん、生前の道真が詩文を能くし、和歌にも秀でた名高き学者・文人であったという評価があればこそです。

Q 今や北野や太宰府の天満宮は受験生にとって合格祈願のメッカです。

そうした個人祈願は、本地垂迹説が広まった平安後期以降の現象なんですよ。原初的な神信仰は基本的には氏族あるいは地域の共同体のものであり、個人の利益救済を引き受けていたのは仏教でした。仏教はよく出来ていまして、来世の問題は仏さま（如来）、現世の問題は菩薩さまと担当も決まっている。縁結びの神さまが流行っているようですが、平安中期までだったら神社ではなく、長谷寺や清水寺の観音にお参りしたでしょう。ところが、本地垂迹説が浸透し、神と仏の一体化が進むと両者の境界が曖昧になってくる。制御困難な自然神、祟りをなすわけのわからない怖いタマだった神が、じつは慈悲深い仏さまの仮の姿だということになった。神が交渉可能な人格的存在となり、信頼関係が生まれたことで、神に対する個人祈願も出来るようになったのです。ちなみに、天神（菅原道真）の本地は、長谷寺の本尊と同じ十一面観音です。

神社の側からすると、律令体制が崩れて国家の経済支援が期待できなくなり、各自で生き残りを模索せざるを得ない状況がありました。御師《おし》といわれる勧誘員が神社の外へ出て、参詣者を集めてくるようになった。セールスポイントはもちろん共同体の利益などではなく、個人の救済です。

Q 御霊信仰はどうなってゆくのですか？

中近世を通じて御霊信仰がなくなったわけではありません。中でも最大の存在は保元の乱に敗れ、配流先の讃岐で死んだ崇徳院。その怨霊に対する恐れは長く尾を引き、幕末維新の動乱期に、京都に改めて白峯宮（現・白峯神宮）が創建されたほど。ただ、その崇徳院の御霊でさえ、天神のような広範な信仰を獲得したわけではないですし、他の例も基本的に地域限定的な存在にとどまります。

Q　崇徳院は、太平記や雨月物語など文学作品の中のイメージが強烈です。

魔道に堕ちた天狗の統領のような姿で登場しますね。じつは崇徳院に限らず、天皇や摂関、高僧が魔道に堕ちたとされる例は珍しくありません。高僧は宗教エリートとして驕慢に陥りやすい。だから極楽に行けなかったりもしますが、とはいえ仏道修行による積徳のお蔭で地獄には堕ちない。極楽にも地獄にも行けない彼らが行くのが魔道なのです。また、前世における善行の結果、高位に生まれたのが天皇や摂関。こちらは善行の余映によって、やはり簡単には地獄に堕ちず魔道へ行く。カトリックの煉獄みたいですが、中世はこうした死後の世界の多層化が進行し、社会に浸透した時代でもあったのです。夢幻能のシテというのはたいてい亡霊ですが、あれも死後のタマについての解釈の1つと言えるでしょう。

Q　なんにせよ、前世・現世・来世という仏教的な世界観が根底にあるのですね？

現代人が漠然と抱いている神の観念は仏教の影響を決定的にこうむっており、中世以降のものと言っていい。特に重要な展開は、神が人間に内在するものと捉え直されたこと。なぜ人間が成仏できるのかと言えば、仏性《ぶっしょう》といって、仏になる因子を我々がもともと持っているからです。神＝仏ならば、神もまた我々に内在していることになります。「神は心なり」です。これは神仏習合を前提にした考え方ですが、ひとたび生じたパラダイムシフトは神仏習合に反対する立場にあっても保持され、本来、人間道徳とは何の関係もなかったはずの神が、道徳性を体現するものへと変容してゆきます。

Q 確かに神社の由緒書は、神を恵み深く正しい存在として記していますね。

仏教から多くのものを吸収した上で、仏教からの独立を果たそうとしたのが、京都の吉田神社［164〜165頁］の社家に生まれた吉田兼倶《かねとも》（1435〜1511）です。兼倶は応仁の乱後の社会的混乱の中、吉田家による神社界の支配を目標に、神道の独自の理論化を進めます。彼の仏教否定の根拠の1つは仏教の空間的捉え直しにありました。つまり、仏教はやはり外国の宗教であり、日本に一番適合している日本の神々をこそまずは信じるべきだということです。

これだけだと単なるナショナリズムのようですが、背景に中世後期の宗教界一般における彼岸と此岸の逆転現象があったために説得力を持つことになった。例えば浄土真宗は、遠い彼岸の仏ではなく今ここで唱える南無阿弥陀仏の名号こそが我々の救済に直接関わっているのだと説くわけです。遠いインドの宗教ではなくこの国の神の道を信じればいいではないか、仏など要らないではないかという兼倶の主張はまさにこれとパラレルでしょう。

ただ、兼倶が目指す方向には重大なネックがありました。それが冒頭で述べた死者儀礼の欠如。兼倶は、内在する神と一体化した死者の魂を、そのまま祭神として祭るという方法を案出し、問題を解決しようとします。吉田神社の境内にある神龍社《しんりゅうしゃ》［164頁］の祭神は兼倶自身であり、兼倶はその下に眠っているのです。

Q 御霊信仰とは別種の、人の祭神化への道が拓かれた訳ですね？

この兼倶の教説——吉田神道に着眼し、自らの神格化に応用したのが、豊国大明神こと豊臣秀吉であり、東照大権現こと徳川家康です。もちろん彼ら

天下人は、比叡山や根来寺を焼き討ちし、一向一揆を虐殺するなど、仏教の弱体化を推し進めた張本人であり、宗教的超越性への真剣な期待など無かったでしょう。しかし、軍事的に一番強いという点にしか統治の正当性を見出し得ない彼らが、天皇の権威に拮抗しようとしたらやはり自己神格化しか方法はなかったのでしょうね。もっともそれが効いたかどうかは疑問ですが。ペリーの黒船来航で幕府の軍事力が大したものではないことが露呈した途端に将軍の「御威光」は揺らぎ出し、わずか十数年で天皇政府に取って代わられてしまうわけですから。

　超越性への感覚に乏しく、現世主義の強い江戸時代にあって、吉田神道に基づく人の祭神化は非常に軽いものになっていきます。佐倉惣五郎のような怨霊神はまた別ですが、江戸時代にはわりと簡単に人を神にしてしまうんです。「生祠《せいし》」といって生きた人間を神にすることまで行なわれるようになる。地域に貢献があった役人とか有力者を、その人がまだ生きているうちから祠を建てて祭るのです。また、近代の例ですが、巡幸して来た天皇が宿泊した部屋に注連縄を張って、そのまま祭場にしたこともありました。湊川神社（祭神＝楠木正成）をはじめとする南朝功臣を祭った諸社や明治神宮なども、そうした近世以降の祭祀文化から出てきた新しいタイプの神社と言えるでしょう。

　ただ、近代がそれ以前と決定的に違うのは、自由に人を神として祭る行為を民間に許さず、国家が管理・独占したことです。ですから近代が生み出した祭神たちは、日本国家に対する功績と忠節のみに基づいて選択され、その顕彰のために祭られました。ですから彼らは、どれも似かよったものになっているのです。

第6章

山は神さま

SACRED MOUNTAINS

海に囲まれ平地にとぼしい列島に暮らす古代人が
最も端的に〝カミ〟を感じたもの、それは山。
はるかに遥拝することもあれば、
山中深く分け入って自然の精気とおのれを一体化させようとすることもあった。
端正な小丘から天を突く高峰までさまざまな神山のうち、
ここではずばり標高1000メートル以上の山々を目指します。

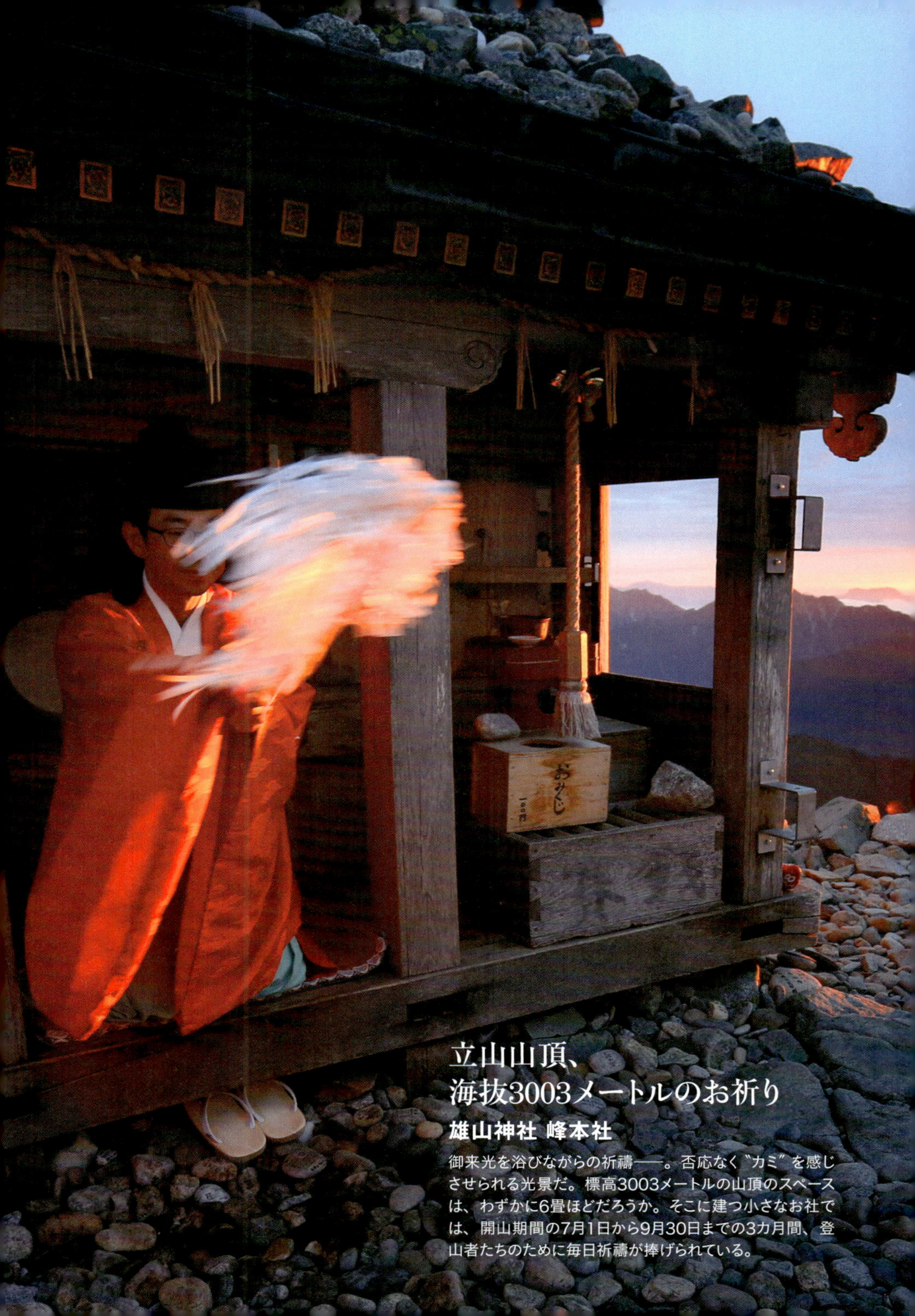

立山山頂、
海抜3003メートルのお祈り

雄山神社 峰本社

御来光を浴びながらの祈禱——。否応なく〝カミ〟を感じさせられる光景だ。標高3003メートルの山頂のスペースは、わずかに6畳ほどだろうか。そこに建つ小さなお社では、開山期間の7月1日から9月30日までの3カ月間、登山者たちのために毎日祈禱が捧げられている。

津軽富士を仰ぐ弘前藩主造営の社殿群

岩木山神社《いわきやまじんじゃ》

祭神　顕国魂神《うつしくにたまのかみ》　多都比姫神《たつひひめのかみ》　宇賀能売神《うかのめのかみ》　大山祇神《おおやまつみのかみ》　坂上田村麿命《さかのうえのたむらまろのみこと》
創建　宝亀11年（780）
社格　国幣小社
文化財　重文＝本殿、拝殿、楼門 他

標高1625メートルの独立峰である岩木山《いわきさん》は、古来、津軽地方の人びとの信仰の対象とされてきた。その霊山を御神体とする岩木山神社は、宝亀11年（780）、山頂に社殿（現在の奥宮）が創建されたのがはじまりと伝え、やがて山麓に建立された下居宮《おりいのみや》は、天台宗（後に真言宗）の百沢寺《ひゃくたくじ》と一体の神仏習合の形で繁栄した。

現在の境内は、天正17年（1589）、岩木山の噴火により、それまでの仏堂・社殿が焼失した後、歴代の弘前藩主が復興したもの。中でも龍の彫刻が壮麗な本殿［右］は4代津軽信政の造営だ。

毎年旧暦8月1日は、五穀豊穣を祈願して奥宮に登拝する例大祭「お山参詣」が行われる。江戸時代の岩木山は修験の戒律により女人禁制であったが、加えてこの日に限っては藩主しか登ることが許されなかった。明治以降はもちろん、女性を含めて誰もが登拝できるようになった。津軽では「山かげ」とも呼ばれ、山かげをしないと一人前の男とみなされない。

黒漆塗りに極彩色の彫刻、柱には一対の昇り龍が配された本殿は「奥の日光」との異名も。元禄7年（1694）建立。

奥にそびえるのが岩木山で、明治の神仏分離以前は女人禁制だった。全容を拝みたい場合は弘前公園の本丸広場へ。ちなみに静岡VS山梨の”こっち側から見る富士のほうが美しい論争”同様、津軽でも岩木山をめぐり弘前VS五所川原の闘いがある。

青森県

弘前市大字百沢字寺沢27　☎0172-83-2135
JR奥羽本線他・弘前駅から車40分

全国唯一、2層の本殿を持つ富士信仰の総本社

富士山本宮浅間大社《ふじさんほんぐうせんげんたいしゃ》

祭神 木花之佐久夜毘賣命《このはなのさくやひめのみこと》
創建 垂仁天皇3年（BC27）
社格 式内社（名神大）・駿河国一宮・官幣大社
文化財 重文＝本殿、富士曼荼羅図 他

火を噴く神＝富士山を鎮めるため、浅間大神《あさまのおおかみ》（のちにコノハナサクヤヒメと習合）を祭る神社は、静岡・山梨両県を中心に1300余りもある。その総本社が富士山本宮浅間大社。「富士本宮浅間社記」によれば、「孝霊天皇の代に大噴火があり、周辺住民は離散し、荒れ果てた状態が長期に及んだ」と記されており、垂仁天皇の3年（BC27年）に浅間大神を祀ったのが起源とされる。

現在の社殿［下］は慶長9年（1604）、徳川家康が関ヶ原の勝利に感謝して寄進した。本殿は全国唯一の2層である。境内には富士山の雪解け水が湧き出た「湧玉池《わくたまいけ》」があり、まずここで禊をしてから富士山に登拝するのが習わしだった。山頂には奥宮が鎮座し、8合目以上はその境内地になっている。

家康寄進の社殿は「浅間造（せんげんづくり）」と呼ばれ、拝殿・幣殿・本殿が一体で、本殿が2層となっている。ちなみに、ご覧の通り社殿は富士山を向いてはおらず、富士山を遥拝するための建物ではない。

富士宮市宮町1-1　☎0544-27-2002　HPあり
JR身延線・富士宮駅から徒歩10分

「火祭り」で名高い富士講の聖地

北口本宮冨士浅間神社《きたぐちほんぐうふじせんげんじんじゃ》

祭神 木花開耶姫命《このはなさくやひめのみこと》
彦火瓊瓊杵尊《ひこほのににぎのみこと》
大山祇神《おおやまづみのかみ》
創建 景行天皇40年（110年）
社格 県社
文化財 重文＝本殿、東宮本殿 他

社伝によればヤマトタケルノミコトが東征の途上、富士山の祭祀場と定めたのが当社の起こりという。近世に入ると門前町である吉田の町とともども富士講の基地として栄えた。さまざまな富士信仰の集団があったうち、特に長谷川角行《かくぎょう》を始祖と仰ぐ富士講が他を圧して広まったのは、江戸中期に村上光清《こうせい》と食行《じきぎょう》身禄《みろく》という2人の傑出した行者が輩出したことが大きい。富士山中での即身入定で知られる身禄に対し、当社の現在の威容［左］を整えたのが光清だ。富士吉田といえば、8月26、27日の「火祭り」が名高いが、これも当社とその摂社・諏訪神社の例大祭に他ならない。御《お》師《し》町《まち》の入口に建つ金鳥居《かなどりい》［右］から神社まで約1キロの道が無数の松明の火で埋まるさまは、まさに日本一の霊山にふさわしい壮観さである。

［右］吉田口登山道の一の鳥居と位置付けられるのがこちらの金鳥居。天明8年（1788）の創建で、現在のものは4代目。［左］北口本宮冨士浅間神社の堂々たる幣拝殿は、元文4年（1739）、村上光清による建立。

山梨県

富士吉田市上吉田5558　☎0555-22-0221　HPあり
富士急行線・富士山駅から徒歩20分

妙義神社から車で15分ほど、中之岳大駐車場から金洞山を間近に望む。4つの石門があることで知られ、初心者でも楽しめるコースもあるが、鎖場が連続する難コースも。

奇岩群れ起こる妙義山の麓に

妙義神社《みょうぎじんじゃ》

上毛三山 1

祭神 日本武尊《やまとたけるのみこと》 豊受大神《とようけのおおかみ》 菅原道真公《すがわらのみちざねこう》 権大納言長親卿《ごんだいなごんながちかきょう》

創建 宣化天皇2年（537）

社格 県社

文化財 重文＝本殿・幣殿・拝殿、唐門、総門 他

ゴツゴツとした岩山が鋭く屹立するさまを見て、その威容に思わず息を呑む［上］。妙義山は、金洞山《こんどうさん》・金鶏山《きんけいざん》など複数の峰の総称で、最高峰は標高1104メートルの白雲山《はくうんさん》相馬岳。古くは山岳修行の場として、現在は登山スポットとして人気が高い。

妙義神社はそんな妙義山の東の山麓に位置する。古くは波己曾《はこそ》神と呼ばれており、波己曾とは「岩社《いわこそ》」の意。古来、本殿北にある「影向岩《えいごういわ》」を神の依り代として祭っていたらしい。境内にあるこの名を冠した波己曾社（明暦2年［1656］建造）は旧本社と伝わるもので、黒漆塗のシックな戸や縁に、軒下の煌びやかな装飾が映える［左頁上］。

現在の本殿［左頁下］は、宝暦6年（1756）の建造。壮麗な権現造と、同じく凝った装飾に注目。境内に上野の寛永寺座主輪王寺宮《りんのうじのみや》の隠居所があった縁で、これらの建造の際、江戸から名匠が招聘されたのだろう。なお、本殿に行くにはまっすぐにのびる165段の石段を昇らねばならずやや気合いが要るが、階下にも遥拝ポイントがあるのでご安心を。

〔上〕 波己曾社から、本社のある上部の神域を望む。石垣の上に見えるのは唐門。旧社殿は本殿部分と拝殿部分で分割され、別々の建物とされていたが、昭和47年（１９７２）に波己曾社として現在位置に復元された。平成９～13年に、彩色や装飾の修復がなされた。

〔左〕 権現造の本社社殿。黒漆塗、屋根は銅瓦葺で、周囲は彫刻で彩られている。写真の拝殿の木鼻では昇り龍と降り龍が対になり、後ろに続く本殿の板壁部には「波に扇」図の浮彫が。

群馬県

富岡市妙義町妙義6　☎0274-73-2119　HPあり
JR信越本線・松井田駅から車10分

社殿は権現造ということになるのだろうか。
ただし、本殿は岩。そこに幣殿が喰い込み、
洞窟内に祭神が祭られている。

川沿いの参道をたどり、
巨岩と合体した社殿へ

榛名神社

はるなじんじゃ

上毛三山 2

祭神 火産霊神《ほむすびのかみ》 埴山毘売神《はにやまひめのかみ》
創建 用明天皇元年（586）
社格 式内社・県社
文化財 重文＝本殿、国祖殿、神楽殿、双龍門、随神門 他

参道を車でゆくと、土産物屋や食事処の店先に「善徳坊」「宮本坊」といった看板が。近世には各地の村々が講を結成し、その代参者（講の代表）を世話する宿坊が軒を連ねていた。その様子を再現したものらしい。二之鳥居前で車を降り、本殿まではおよそ５５０メートル。

榛名川のせせらぎをＢＧＭに、四季折々の自然が目を楽しませ、長い道のりを感じさせない。バックに奇岩を擁する双龍門をくぐり、さらに石段をのぼると、岩に囲まれた社殿が現れる。社殿は拝殿［下右］、間殿《まどの》、幣殿から成り、本殿はというと、奥に聳える巨岩「御姿岩《みすがたいわ》」をそれに見立てるという驚きの意匠［右頁］。

榛名山は標高１４４９メートル。山腹にある当社は中世以降、仏教色が濃く、明治以前は榛名山巌殿寺《がんでんじ》満《まん》行宮《ぎょうぐう》と号し、神社と寺が一体化していた。かつては仁王門だった弘化４年（１８４７）建造の随神門［下左］、神宝殿と称する三重塔［１５３頁下］などにその名残をとどめる。もともとは里に在ったものが、いつの時代にかこの幽邃《ゆうすい》の地に遷し祭られたものとも伝えられ、修験の霊場でもあったことを強く感じさせる。

随神門をくぐり境内へ。

拝殿にお参りする子供たち。社殿は文化3年（1806）の再建。

群馬県

高崎市榛名山町849　☎027-374-9050　HPあり
JR高崎線他・高崎駅からバス「榛名神社」下車、徒歩15分

式内社「赤城神社」を探して

赤城神社《あかぎじんじゃ》

社格
式内社（名神大）・郷社（＝大洞）・県社（＝三夜沢）

上毛三山 3

延喜式に載る神社が現在のどの神社に当たるのかはっきりせず議論がある場合、その神社を「論社」という。赤城神社はそのケースで、3つの神社が式内社の有力候補、つまり論社となっている。前橋市二之宮町の二宮《にのみや》赤城神社、そしてここにご案内する大洞《だいどう》赤城神社［下2点］と三夜沢《みよさわ》赤城神社［左頁2点］だ。3つのお社について知ることは、そのまま神社神道の歴史の転変の理解にも繫がるようだ（なお、二宮・大洞・

大洞赤城神社《だいどうあかぎじんじゃ》

祭神
赤城大明神《あかぎだいみょうじん》
大国主神《おおくにぬしのかみ》
磐筒男神《いわつおのかみ》
磐筒女神《いわつめのかみ》
経津主神《ふつぬしのかみ》

［上］赤城山上、大沼南岸の大洞赤城神社の旧社地。かつて赤城山の峰の1つ地蔵岳に鎮座していたが、大同元年（806）にここへ遷座。そのため周辺が大洞と呼ばれるようになったとか。

［下］大洞赤城神社の拝殿。昭和45年（1970）、上の写真の場所から、大沼東岸に半島状に突き出た小鳥ヶ島の現在地に遷座した。

大洞赤城神社
前橋市富士見町赤城山4-2　☎027-287-8202　HPあり
JR前橋駅から車70分

三夜沢を冠するのは識別のため）。

赤城信仰の本質を、赤城山（標高1827メートル）という名山を遥拝する自然崇拝と捉えるなら、古代豪族・上毛野《かみつけの》氏が築いた大古墳群が近くに控える山麓の二宮こそその源流かと思える。

山上の大沼のほとりに鎮座する大洞は、山地へ分け入って修行する、神仏習合時代の山岳信仰のスタイルのもとで、中世から近世前期にかけて栄えた。大洞と二宮は本来、山宮と里宮の関係を成し、同一社だったとも伝わる。

近世中期以降の赤城信仰の展開を牽引してきたのは三夜沢だが、こちらも付近に古代祭祀の遺跡「櫃石《ひついし》」を擁する。――というわけで、それぞれに豊かな論拠を持っていればこその論社、なのであった。

三夜沢赤城神社《みよさわあかぎじんじゃ》

祭神

赤城神《あかぎのかみ》
大己貴命《おおなむちのみこと》
豊城入彦命《とよきいりひこのみこと》

[上]深い杉木立の中に建つ、三夜沢赤城神社の拝殿。赤城山の中腹で、海抜は570メートルという。この後ろに神明造の本殿が鎮まっている。
[下]三夜沢赤城神社の本殿後ろの斜面を上がると、数十もの石の祠がずらりと並んでいた。日暮れ間近ということもあり、まことに幽玄な雰囲気でした。

群馬県

三夜沢赤城神社
前橋市三夜沢町114　☎027-283-1268
上毛電鉄上毛線・大胡駅から車20分

山中に地獄・極楽を見た
立山信仰の世界

雄山神社《おやまじんじゃ》

峰本社《みねほんしゃ》／中宮祈願殿《ちゅうぐうきがんでん》／前立社壇《まえたてしゃだん》
祭神　伊邪那岐神《いざなぎのかみ》
天手力雄神《あめのたぢからおのかみ》
創建　大宝元年（701）
社格　式内社・国幣小社
文化財　重文＝前立社壇本殿、木造慈興上人坐像

雄山神社の峰本社［184～185頁／上］は、標高3003メートルの立山・雄山山頂にある。それを護るように、山麓には中宮祈願殿［中］と前立社壇［下］が鎮座する。これら3社が合わさって、雄山神社なのだ。立山は、富士山や白山と並ぶ三霊山のうちの1つで、古くから修験者たちが山中を駆け巡ってきた。越中の男にとっても、元服前に立山に登ることは、いわば通過儀礼のようになっていたという。山内には地獄から極楽まですべての異界が存在するとされ、その名の通りの地獄谷に対し、峰本社のある雄山は極楽浄土の象徴であった。現在、雄山の山頂へ登ることができるのは7月から9月の3カ月間だけで、バスで行ける標高2450メートル地点から、約2時間の登山となる。

［上］雄山神社の峰本社は、標高3003メートルの頂上にある。
［中］中宮祈願殿の境内。立山は女人禁制とされていたため、かつては女性が立ち入ることができるのはここまでだった。
［下］前立社壇の拝殿。昭和17年（1942）竣工。この背後に控える本殿は、五間社流造で、北陸では最大級の本殿である。

立山頂上峰本社＝中新川郡立山町芦峅寺立山峰1　HPあり
JR北陸新幹線・黒部宇奈月温泉駅からバス「室堂ターミナル」下車、登山道徒歩2時間

芦峅中宮祈願殿＝中新川郡立山町芦峅寺2　☎076-482-1059　HPあり
富山地鉄立山線・千垣駅から車5分

前立社壇＝中新川郡立山町岩峅寺1　☎076-483-1148　HPあり
富山地鉄立山線他・岩峅寺駅から徒歩10分

実りをもたらす白き神の山、
白山信仰の総本宮

白山比咩神社《しらやまひめじんじゃ》

祭神 菊理媛尊《くくりひめのみこと》
伊弉諾尊《いざなぎのみこと》
伊弉冉尊《いざなみのみこと》

創建 崇神天皇7年（BC91）

社格 式内社・加賀国一宮・国幣中社

文化財 国宝＝剣 銘吉光／重文＝白山三社神像 他

白《はく》山《さん》は、加賀、越前、美濃の三国にまたがり信仰の対象とされてきた。その加賀側の麓にあるのが、白山比咩神社だ。古来、白山は実りをもたらす水を司る霊峰とされてきた。やがて修験道の聖地となり、白山修験は日本全国へと広まっていった。だが、蓮如が北陸で浄土真宗の布教に乗り出すと、一転して厳しい時期を迎える。真宗門徒による一向一揆で守護が滅ぼされ、一揆による支配が続いた100年ほどの間、社堂は荒廃にまかされた。その復興に力を尽したのは、前田利家だった。江戸時代には前田家が当社を祈願所とし、現在は全国に約3000社ある白山神社の総本宮として活況を呈している。国宝の剣（銘吉光）をはじめ、重要な文化財も多く伝わる。

[上]一の鳥居をくぐると、杉や欅の大木が並ぶ参道が、約250メートルにわたって続く。
[左]手前の拝殿とその奥の幣殿とは一体化している。内部は総檜造りで、さらに本殿と登廊で接続されている。標高2702メートル、白山最高地点の御前峰（ごぜんがみね）山頂近くには、奥宮が鎮座。登山可能なのは、5～10月の6カ月間。

石川県

白山市三宮町ニ105-1
☎076-272-0680 HPあり
北陸鉄道石川線・鶴来駅から車5分

神の山に翼を広げる

大神山神社　奥宮

中国地方随一の名山、大山（だいせん）。大神山神社奥宮はその中腹、標高880メートルの場所に鎮座し、山岳信仰の社として栄えた。「大いなる神の山」の名にふさわしい豪壮な社殿は、文化2年（1805）の再建。拝殿の左右に大きく張り出した長廊下の屋根が、初夏の日差しを受けて白く輝く。

中国地方随一の名山、山腹に建つ剛健な社殿

大神山神社《おおがみやまじんじゃ》 奥宮《おくみや》

標高1729メートル、出雲国風土記に「火神岳《ひのかみだけ》」と記された霊峰・伯耆《ほうき》大山《だいせん》の信仰の拠点である神社。かつては修験の聖地であり、「大智明《だいちみょう》権現社」「大山権現」などと呼ばれる神仏習合の社だった。祭神のオオナムチノカミとはオオクニヌシノミコトのこと。修験においては、地蔵菩薩の垂迹とされる。

奈良時代の養老2年（718）、山の中腹に修験の道場として大山寺《だいせんじ》が創建され、背後にそびえる大山の遥拝所として設けられたのが当宮の起こりだという。大山寺は中世の全盛期には180坊、3000人の僧兵を擁した大寺だ。本殿・幣殿・拝殿が一体化した権現造の社殿にも神仏混交の雰囲気が窺える。階段下から仰ぐ素木の外観［左頁上］は、厳しい冬の風雪に耐えぬいてきた剛健な構え。一方、白檀塗《びゃくだんぬり》で荘厳された幣殿の内部［同下左］は、外観とは対照的な繊細な美しさを保っている。京都と地元の2人の大工棟梁が建設に携わったという現在の社殿は、文化2年（1805）の再建。

祭神　大己貴神《おおなむちのかみ》

文化財　重文＝本殿・幣殿・拝殿、末社 下山神社本殿・幣殿・拝殿

境内より霊峰・伯耆大山を仰ぐ。

明治の神仏分離令により大山寺のもとを離れ、権現号も廃されて、純然たる神社となった。以来、米子市内にある式内社、大神山神社を本社とし、その奥宮と位置付けられて今日に及ぶ。冬は雪が深く参拝が困難なため、奥宮は「夏宮」、本社は「冬宮」と呼ばれるようになった。

石段の上に社殿が見えてきた。左右50メートルになんなんとする雄姿の全容は、前見開きで！

奥宮幣殿の、白檀塗（銀箔の上から生漆を塗り、金色を出す）で仕上げられた装飾もまた、日本一の規模を誇る。

700メートルにわたる参道は、自然石の石畳の参道としては日本一の長さだという。

鳥取県

西伯郡大山町大山　☎0859-52-2507　HPあり
JR山陰本線他・米子駅からバス「大山寺」下車、徒歩15分

地震から立ち上がる火の山の社

阿蘇神社《あそじんじゃ》

祭神　一の宮　健磐龍命《たけいわたつのみこと》
二の宮　阿蘇都比咩命《あそつひめのみこと》
十一の宮　国造速瓶玉命《くにのみやつこはやみかたまのみこと》

創建　孝霊天皇9年（BC282）

社格　式内社（名神大）・肥後国一宮・官幣大社

文化財　重文＝一の神殿、二の神殿、三の神殿、楼門 他

平成28年4月16日の熊本地震で倒壊した阿蘇神社の楼門の痛ましい姿［右下］をご記憶の方も多いだろう。拝殿と翼廊も倒壊、江戸後期に建立された3つの本殿にも柱がゆがんだり壁が剝落するなどの被害が出た。当社は元々、活火山である阿蘇山（標高1592メートル）に対する信仰を起源とし、火口（奥宮）で祭祀を続けてきた［右上］。神への畏怖という原初的な信仰のかたちを、今に伝えている。

伝承によれば、主祭神のタケイワタツは神武天皇の孫神で、筑紫平定に遣わされ、在地の女神アソツヒメを娶った。本殿にはこの2柱とその親神や御子神などが阿蘇十二明神として祭られている。阿蘇の地を開拓した夫婦神は、農耕の神として崇敬されてきたが、タケイワタツにはもちろん火山を司る神としての一面もあり、噴火などの異変は国司から朝廷に報告されたという。

今後、社殿が元の姿に戻るまでには10年以上の歳月と20億円の経費が見込まれるが、すでに仮拝殿が建ち、平成28年7月28日には例年通り「御《お》田《た》植《うえ》神幸式《しんこうしき》」を斎行し、氏子たちによって阿蘇の神に神饌が捧げられた。復旧のための奉賛（募金）についてはHPをご参照ください。

［上］6月上旬に行われる火口鎮祭。中岳の噴火口に御幣を投げ入れる。ここは火口そのものを御神体とする阿蘇神社の奥宮の境内地にあたる。平成25年の撮影。
［下］熊本地震で倒壊した楼門。

阿蘇市一の宮町宮地3083-1　☎0967-22-0064　HPあり
JR豊肥本線・宮地駅から車10分

倒壊した楼門は高さ18メートルで、嘉永3年（1850）に建立されたもの。毎年3月、その門前で豊作を祈念する田作祭（たつくりさい）のハイライトとして、火振り神事が行われてきた。こちらは平成24年の撮影。

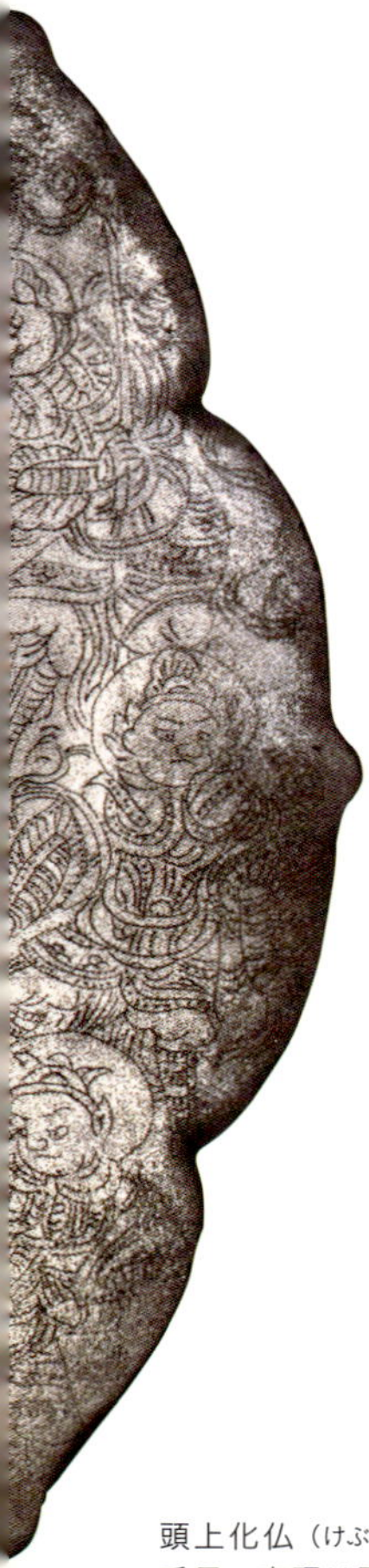

第7章
国宝あります

NATIONAL TREASURES

素晴らしい宝物を持つ神社もまた少なくない。
そもそも宝物を祭るために創られた神社だってあるのだから。
信仰と結びついている、年に一度でも現地で見られる、
そして何より驚きがある。
そんな基準で国宝を所有する神社を厳選紹介。

頭上化仏（けぶつ）の配列やふくよかな面貌、手足の表現は平安時代後期の特色を示している。鏡自体は中国のものに倣って平安時代前期頃に鋳造され、その後、鏡像に転用されたとみられる。毎年8月17日の神事後に一般公開されている。《線刻千手観音等鏡像》
平安時代後期（11世紀末）　青銅、錫　径13.9cm　水神社蔵

水神社《すいじんじゃ》

御神体の鏡を祭るため
秋田藩主より
祭祀料を賜わり創建

祭神　線刻千手観音等鏡像
創建　貞享2年（1685）
社格　村社
文化財　国宝＝線刻千手観音等鏡像（神体）

長閑な水田風景が広がる中、杉林の奥にひっそりと鎮まる小さな社。この素朴な神社が、秋田県唯一の国宝を御神体に持つ、と聞くと驚いてしまう。《線刻千手観音等《せんこくせんじゅかんのんとう》鏡像《きょうぞう》》［前見開き］が深さ1・5メートルほどの地中から出土したのは延宝5年（1677）のこと。新田開発の用水を引く工事の最中だった。それを聞いた秋田藩主・佐竹義処《よしずみ》が「水の神として祭るように」と命じたのが当社のおこりだ。《線刻千手観音等鏡像》の中央には

前見開きの《線刻千手観音等鏡像》の裏面。左寄りに鏡像の制作、寄進に関わる銘が線刻されている。

大きく11面40手の千手観音が刻まれ、左右の端に8体の眷属、観音の足元右に婆蘇仙《ばすせん》、左に功徳天《くどくてん》が配されている。鏡面に仏像を刻む鏡像は、平安時代に盛んに造られたが、現存する中でこれほど卓越した出来栄えを示すものはないという。それだけにこれが、いつ、なぜ、都から遠いこの場所に運ばれたのか、大いに気になるところだ。

地元には、坂上田村麻呂が2回目の東北遠征に際し、清水寺からこの鏡像を御守として携えてきたとの伝承が残る。鏡そのものには背面〔右頁〕に「仏師僧」「崇紀」「大趣具主延暦僧仁祐」「女具主藤源安女子」の銘があり、手がかりになる。鏡像を供養した仁祐《にんゆう》は延暦寺の学僧で、大治４年（１１２９）に阿闍梨《あじゃり》に補任《ぶにん》されたことが当時の貴族の日記に記録されている。これはこの鏡像の表現に見られる平安後期の特徴と矛盾しない。「崇紀《すうき》」は像を刻んだ工人と目される。「藤源安」という人物名には衍字《えんじ》ないし誤字が含まれる可能性もあり即断は許されまいが、とにかくその人物の「女子《むすめ》」がこの鏡像を造らせた「女具主《おんなぐしゅ》（具主＝寄進者）」であることはわかる。確実なのはここまでのようである。

［上］手前の厨子の中の黒いものは、鏡像のレプリカ。見学を申し込めば、レプリカを間近で見ることができる。
［下］水神社の社殿。貞享2年（1685）に建てられた。

秋田県

大仙市豊川字観音堂57 ☎0187-57-2936
JR田沢湖線・羽後長野駅から車10分

巨大古墳・応神天皇陵そばの八幡宮に伝わった名宝

譽田八幡宮《こんだはちまんぐう》

祭神　応神天皇《おうじんてんのう》　仲哀天皇《ちゅうあいてんのう》　神功皇后《じんぐうこうごう》

創建　欽明天皇20年（559）

社格　府社

文化財　国宝＝塵地螺鈿金銅装神輿、金銅透彫鞍金具　重文＝誉田宗廟縁起 他

河内の古市古墳群の中でも墳丘長420メートル超と、ひときわ雄大な姿を見せる応神天皇陵（誉田《こんだ》御廟山《ごびょうやま》古墳）。譽田八幡宮の社地は、仁徳天皇陵に次ぐこの巨大前方後円墳の後円部の濠に接して広がっ

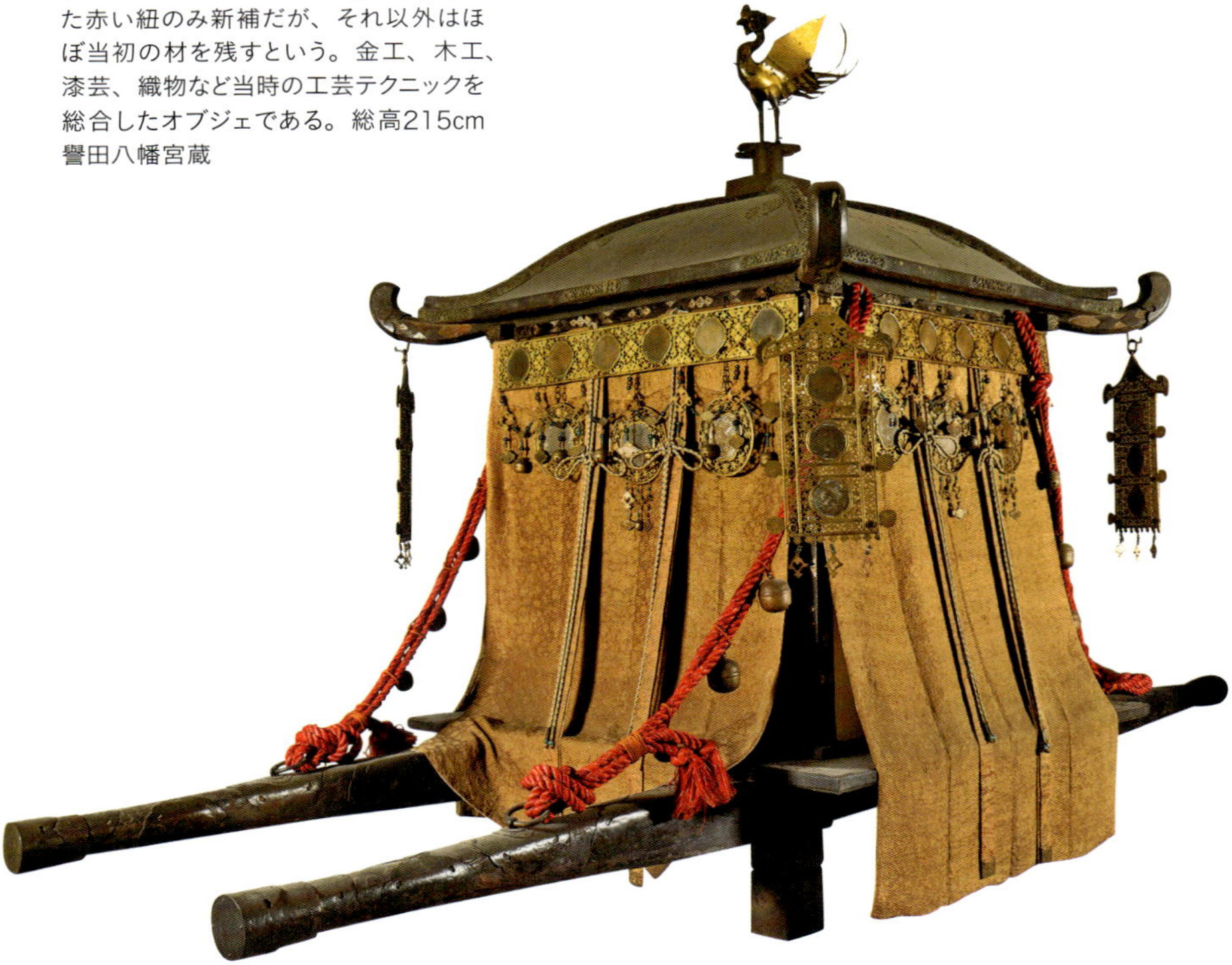

源頼朝奉納の《塵地螺鈿金銅装神輿（ちりじらでんこんどうそうしんよ）》。鈴を吊った赤い紐のみ新補だが、それ以外はほぼ当初の材を残すという。金工、木工、漆芸、織物など当時の工芸テクニックを総合したオブジェである。総高215cm 譽田八幡宮蔵

ている。伝承では飛鳥時代の創始だが、事実は八幡神と応神天皇の習合が進んだ平安時代、細かくは後冷泉天皇（在位１０４５〜６８）の頃、応神天皇を祭る霊廟として営まれたらしい。近世までは天皇陵を管理し、お祭りの際は神輿を後円部の頂上まで上げて神事を行なったという。

ロケーションも独特なら豊臣秀頼再建の社殿［下］も立派だが、こちらがすごいのはなんと言ってもその宝物だ。源頼朝が建久7年（１１９６）に寄進した神輿［右頁］は、全国に2基しかない国宝神輿の1つだし、天皇陵の陪塚《ばいちょう》（周辺の家来の墓）から出土した2セットの金銅馬具［上］はこの種のものとして最も精美。中世の舞楽面15面（重文）なども併せて展示されている宝物館は、毎週土曜日13〜16時に観覧できる。

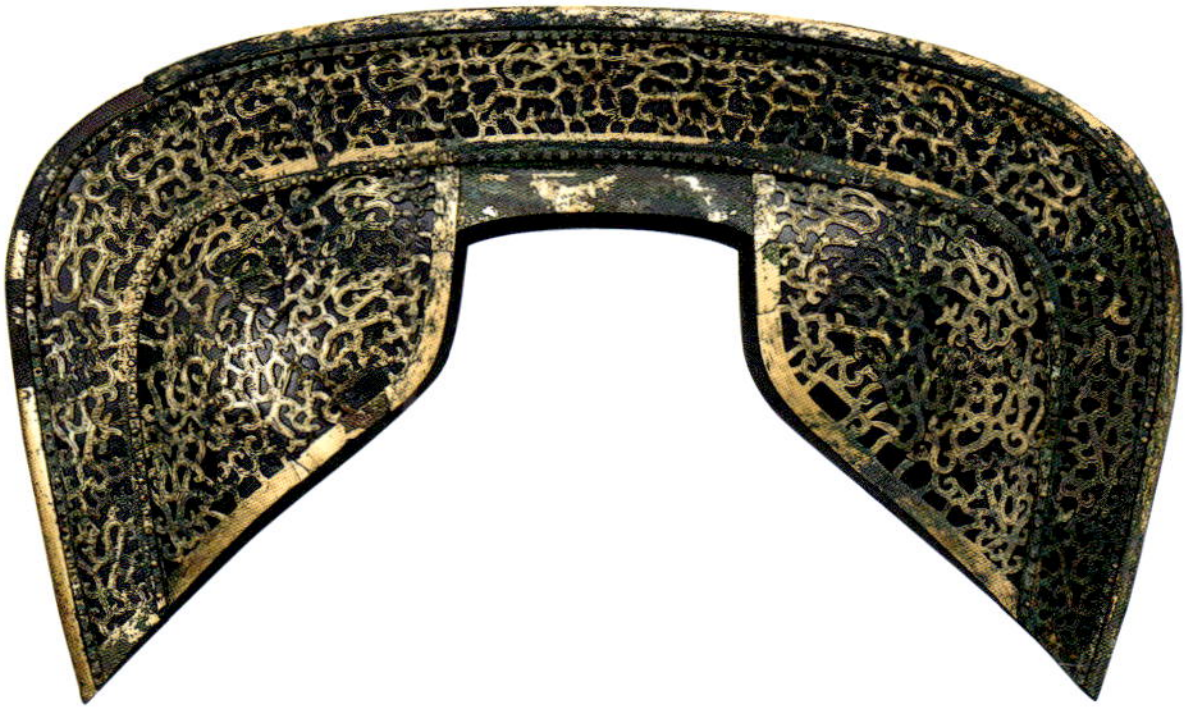

幕末に出土した2セット分の《金銅透彫鞍金具（こんどうすかしぼりくらかなぐ）》のうち「一号鞍後輪（しずわ）」。5世紀のもので朝鮮半島からの渡来品。朝鮮航路を守る宗像大社（26〜27頁）の祭祀が重要だったのは、まさにこういう物をヤマト王権が優先的に獲得するためだった。下端幅43.3cm　誉田八幡宮蔵

現在の拝殿は豊臣秀頼が8割方作りかけたのを、徳川家光が完成させた。

大阪府

羽曳野市誉田3-2-8　☎072-956-0635　HPあり
近鉄南大阪線他・古市駅から徒歩10分

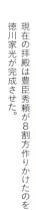

叔母に残した形見の品に偲ぶ
菅原道真の優雅な日常

道明寺天満宮《どうみょうじてんまんぐう》

祭神　菅原道真公《すがわらのみちざねこう》
天穂日命《あめのほひのみこと》
覚寿尼公《かくじゅにこう》
創建　垂仁天皇32年（AD3）
社格　郷社
文化財　国宝＝菅公遺品6点
重文＝笹散双雀鏡、笹散蒔絵鏡匣

道明寺天満宮に伝わる《菅公遺品《かんこういひん》》は、その名の通り菅原道真の遺愛品で、没後に叔母の覚寿尼《かくじゅに》に贈られたもの。写真を掲出した3点［上／左頁2点］の他、象牙製の「牙笏《げしゃく》」、柄《つか》が犀角《さいかく》製の小刀「犀角柄

［上］《菅公遺品》より
「青白磁円硯（せいはくじえんけん）」は唐からの舶来品で、この時代の硯としては類を見ない大きさ。周囲に20本の脚があったが欠失している。唐時代（9世紀）径27.0cm　道明寺天満宮蔵（左頁2点も）

［右］道明寺天満宮の社殿。なお神社と分かれた道明寺には、やはり道真・覚寿尼ゆかりの国宝《十一面観音菩薩立像》が伝わる。

刀子《とうす》」、鋳銅製の「伯牙弾琴鏡《はくがだんきんきょう》」がある。王朝貴族の日用品が残った希有の例として国宝に指定された。

道明寺天満宮の近傍には道明寺という寺もあり、神仏分離以前は両者で一体だった。この寺の前身は、土《は》師《じ》氏の氏寺である土師寺《はじでら》。そもそも菅原氏は、8世紀末に土師氏から改姓（「やきもの職人」という意味の名が貴族っぽくないため）した一族だった。道真は左遷されて大宰府に向かう途中、同寺に暮らす覚寿尼を訪ね、別れを告げたという。歌舞伎ファンならご存知、『菅原伝授手習鑑《すがわらでんじゅてならいかがみ》』の「道明寺の段」のもとになった逸話である。

道真の没後半世紀を経て天神信仰が高まると、やがて道明寺でも天満宮を祭ることになった。なお、当宮では覚寿尼も祭神に加えられている。

《菅公遺品》より
象牙製の「玳瑁装牙櫛（たいまいそうげくし）」。棟の部分の窪みには鼈甲が嵌めこまれ、花文をなしていた。　平安時代（9世紀）　幅10.2cm

《菅公遺品》より
「銀装革帯（ぎんそうかくたい）」は貴族の正装である束帯を着用する際に用いた革ベルト。飾り金具は金メッキの上に銀メッキを施し、それぞれの中央部に水晶玉を埋め込んでいる。　平安時代（9世紀）　四角い金具各3.0×3.2cm

国宝の《菅公遺品》6点をはじめ、当宮所蔵の文化財は宝物館にて公開される。公開日は1月1～3日、1、2、3月の25日、4月18日、釋奠（せきてん）の日（5月上旬の日曜日）、梅まつり期間中の土日祝日。

大阪府
藤井寺市道明寺1-16-40　☎072-953-2525　HPあり
近鉄南大阪線他・道明寺駅から徒歩3分

秋祭りに公開される御神体は古墳時代唯一の伝世品の大刀

小村神社《おむらじんじゃ》

祭神　国常立命《くにのとこたちのみこと》
創建　用明天皇2年（587）
社格　県社
文化財　国宝＝金銅荘環頭大刀拵・大刀身（神体）
重文＝木造菩薩面2面

小村神社は、一の宮である高知市の土佐神社［236頁］に次ぐ土佐二の宮。こちらですごいのはその御神体だ。左頁に掲げた≪金《こん》銅荘環頭大刀拵《どうそうかんとうたちこしらえ》・大刀身《たちのみ》≫——古墳時代末ごろの大刀《たち》である（なお、後のいわゆる日本刀のように反りを打たない、片刃の直刀には「太刀」ではなく「大刀」の字を当てる）。

古墳時代の刀剣がほぼ古墳からの出土品でありいわば錆の塊と化しているのに対し、この大刀は千数百年にわたり御神体として守られてきたため、ご覧の通り良好な状態を保っている。昭和30年（1955）、槍鉋《やりがんな》で削った木箱が初めて開封されて姿を現わし、早くも3年後には国宝に指定された。

小村神社は式内社ではないものの、『日本三代実録《にほんさんだいじつろく》』の貞観12年（870）の項に記事が見え、創建が平安前期以前にさかのぼることが確実な古社である。国宝大刀は、年1回、11月15日の秋の例大祭の折に拝観することができる（天候によっては文化財保護の観点から公開が見送られることあり）。

秋の例大祭の朝の情景。現社殿は宝永2年（1705）の再建で、土佐神社の場合に似て、幣殿・拝殿の平面が十字型をなし、中央が重層となっている。社殿の背後に立つご神木の牡丹杉の樹齢は約1000年とも。

高岡郡日高村下分1794　☎0889-24-7466
JR土讃線・小村神社前駅から徒歩1分

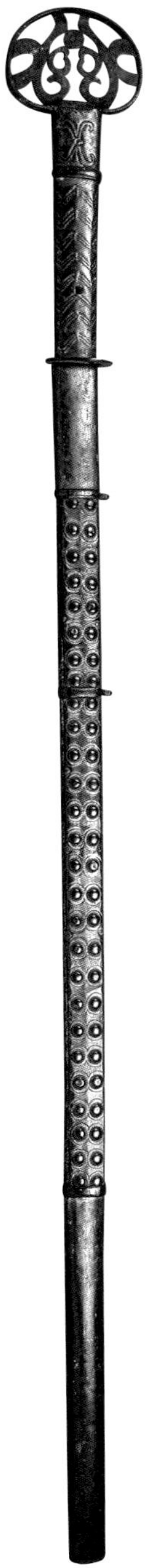

《金銅荘環頭大刀拵・大刀身》の拵。柄（つか）の頭にリング状の飾りが付くところから環頭大刀と呼ばれる形式は中国・朝鮮半島がルーツ。銅板に鍍金を施すが、金はさすがにあまり残っていないようだ。
古墳時代（6〜7世紀）　総長119・0㎝　小村神社蔵

《金銅荘環頭大刀拵・大刀身》の大刀身。昭和30年の調査後、砥ぎ直しを行い、輝きを取り戻した。その際、腐食の著しかった先端部分5センチを切り落としている。
古墳時代（6〜7世紀）　刃長68・3㎝　小村神社蔵

劒神社《つるぎじんじゃ》

織田信長ゆかりの神社に残る最初期の神宮寺の梵鐘

奈良時代の鐘としては小ぶりで、口径の大きなずんぐりむっくりさん。撞座（つきざ）の円が少し横長で、11の弁の大きさも微妙に違う。無造作で大らかな作りが魅力的。高109・9㎝／口径73・9㎝／重量529㎏　劒神社蔵

祭神	素盞嗚大神《すさのおのおおかみ》 氣比大神《けひのおおかみ》 忍熊王《おしくまのみこ》
創建	孝霊天皇時代（BC3）
社格	式内社・国幣小社
文化財	国宝＝梵鐘 重文＝八相涅槃図、涅槃講式断簡

劒神社の拝殿は弘化4年（1847）に建立されたもの。写真では見えないが、その奥にある本殿は17世紀の創建とされる。右に見える小さな摂社は、織田神社本殿。

越前国二の宮・劒神社のある越前町織田は尾張織田氏の名字の地で、朝倉氏滅亡後、越前を領有した柴田勝家の書状には、「当社の儀は殿様（＝織田信長）御氏神」云々とある。社名は仲哀天皇の皇子・オシクマノミコが、夢枕に立ったスサノオに授けられた剣によって賊を破り、当地を治めた伝説からという。

が、当社の宝物筆頭は、剣ではなく国宝の《梵鐘》［上］である。「劒御子寺鐘　神護景雲四年九月十一日」と陽鋳銘にあり、国内在銘の梵鐘としては3番目に古い。そもそも奈良時代、神護景雲4年（770）の段階で神宮寺があること自体が非常に早い例に属する。鐘は現在、神社に隣接する越前町織田文化歴史館に寄託展示されている。

丹生郡越前町織田113-1　☎0778-36-0404　HPあり
JR北陸本線・武生駅から車30分

国宝の石碑は、2センチ四方ほどの文字が六朝風の書体で整然と刻まれている。手本として臨書する人も多く、多胡碑（たごのひ。群馬県）、多賀城碑（たがじょうひ。宮城県）と共に「日本三古碑」の1つに数えられている。

笠石神社《かさいしじんじゃ》

御神体の古碑に刻まれた端正な六朝風の書

祭神　那須国造直韋提《なすのくにのみやつこあたいいで》
創建　元禄4年（1691）
文化財　国宝＝那須国造碑（神体）

御神体が磐座《いわくら》ならぬ石碑という珍しい神社。この石碑は、那《な》須国造《すのくにのみやつこ》であった那《な》須直韋提《すのあたいいで》の業績を、その後継者である息子の意斯《おし》麻呂《まろ》らが顕彰して建てた墓碑である。文武天皇4年（700）に建てられたが、いつしか半ば草土に埋もれ、里人が雨乞いの神としていることが水戸光圀の耳に入り、発掘・調査の上、御堂を建て、御神体として祭られた。

碑面には、薬研彫《やげんぼり》で刻まれた152文字がほぼ欠けることなく遺り、端正な楷・行書体で整然と並ぶ「左上」。現在の日本では使われていない文字も含まれ、また「永昌《えいしょう》」という則天武后時代の中国の元号を用いていることなど、大陸文化との関係がうかがえる貴重な資料でもある。

本殿に鎮座する「那須国造碑」は、高さ120センチ、幅40センチほどの花崗岩の本体に、高さ30センチほどの「笠石」を頂く石碑。事前に申し込めば拝観できる（拝観料が必要）。

栃木県

大田原市湯津上430　☎0287-98-3758/2501
JR東北本線他・那須塩原駅から車30分

北方の地に伝世した南朝ゆかりの極美の甲冑

櫛引八幡宮《くしひきはちまんぐう》

祭神　八幡大神《はちまんおおかみ》＝誉田別尊《ほんだわけのみこと》
創建　建久2年（1191）
社格　郷社
文化財　国宝＝赤糸威鎧（兜、大袖付）、白糸褄取威鎧（兜、大袖付）
重文＝本殿 他

南部氏は、鎌倉幕府の草創に貢献した甲斐源氏の加賀美遠光《かがみとおみつ》の子孫。同氏が奉じた櫛引八幡宮は、清和源氏／鎌倉武士と八幡信仰の関わりを示す一典型だ。残欠を含めても19領しかない国宝甲冑のうち2領を所蔵し、いずれも南朝との所縁を伝えられている。《白糸褄取威《しろいとつまどりおどしの》鎧《よろい》》は南部信光が後村上《ごむらかみ》天皇（後醍醐天皇皇子）から拝領したとされ、《赤糸威《あかいとおどしの》鎧《よろい》》［左頁］は長慶《ちょうけい》天皇（後村上天皇皇子）の御料だったという。兜鉢《かぶとばち》の正面や鍬形台《くわがただい》、大《おお》袖《そで》、また草摺《くさずり》の裾などに高肉彫《たかにくぼり》や透《すかし》彫《ぼり》のみごとな金物《かなもの》を配した《赤糸威鎧》は、絢爛たる装飾性において春日大社所蔵の《赤糸威鎧（竹虎雀飾）》と双璧をなす。それだけに実戦向きとは考えにくく、春日大社の鎧が祭礼に際しての随兵《ずいひょう》用だったのと同様の使い方が推定されている。櫛引八幡宮には国宝2領の他にも国の重要文化財に指定された甲冑が3領ある。これらは全て、境内にある国宝館で随時観覧できる。

南部氏は盛岡藩主となった後、当宮をいよいよ厚く庇護した。写真の拝殿は昭和59年（1984）の建立だが、本殿や境内西側に移築された旧拝殿、末社2棟、正門は江戸時代のもので、いずれも重文。

八戸市八幡字八幡丁3　☎0178-27-3053　HPあり
JR八戸線他・八戸駅から車10分

金物は銅地鍍金（どうじときん）で、枝菊がメインモティーフ。袖には籬（まがき）をあしらい、そこからひときわ大ぶりな枝菊が伸びる。「籬に菊」は鎌倉時代から南北朝時代にかけて工芸品のデザインとしてことに好まれた。
《赤糸威鎧（兜、大袖付）》 鎌倉時代（14世紀） 胴高33.3cm 草摺丈30.0cm ／兜鉢高11.5cm 同前後径21.8cm ／重量34.6kg 櫛引八幡宮蔵

瀬戸内海に浮かぶ水軍の島に国宝・重文の武具多数

大山祇神社《おおやまづみじんじゃ》

祭神　大山積神《おおやまづみのかみ》
社格　式内社（名神大）・伊予国一宮・国幣大社
文化財　国宝＝紺絲威鎧（兜、大袖付）、紫綾威鎧（大袖付）、赤絲威鎧（大袖付）他
重文＝本殿、拝殿 他

瀬戸内海の真ん中、しまなみ海道の中央に浮かぶ大三島に鎮座する。伊豆の三嶋大社［231頁］と並ぶ、三島・大山祇信仰の総本社である。境内には国の天然記念物に指定されている楠の原生林があり、神木である老楠の樹齢は2600年を数える。

オオヤマヅミノカミはアマテラスの兄神で、本来は山の神だが、別名のワタシノオオカミは海神とされ、古来、海運の要衝であるこの地で海運の神として崇められてきた。なかでも当社を氏神とする河野水軍にまつわる事績は多い。源平の合戦では、河野通信が水軍を率いて源義経を助け、元寇の際には河野通有が当社に戦勝を祈願して大勝。以来、軍神の誉れ高く、明治以降も伊藤博文、山本五十六はじめ錚々たる政治家や軍人が参詣、祈願している。

神社には源頼朝、義経、義仲が奉納した鎧や、平重盛奉納の太刀、そして河野一族が戦勝の祝いに奉納した、おびただしい数の甲冑や刀剣が伝わり、宝物館（紫陽殿、国宝館）に展示されている。

現在の拝殿は、応永34年（1427）に再建されたもの。

今治市大三島町宮浦3327　☎0897-82-0032　HPあり
JR予讃線・今治駅からバス「大山祇神社前」下車、徒歩1分

宝物館の紫陽殿には河野通信が奉納した写真の《紺絲威鎧（兜、大袖付）》をはじめ、国宝の甲冑４領が並ぶ。

重要文化財の《色々威腹巻（兜、喉輪、大袖付）》（手前）などが並ぶ国宝館。

第8章
諸国一の宮めぐり

ICHINOMIYA

一の宮とは、読んで字のごとく、
その「国」で一番の神社のこと。
強い磁場に引き寄せられるように向かった個性派たちの、
多彩な顔ぶれをご覧あれ。

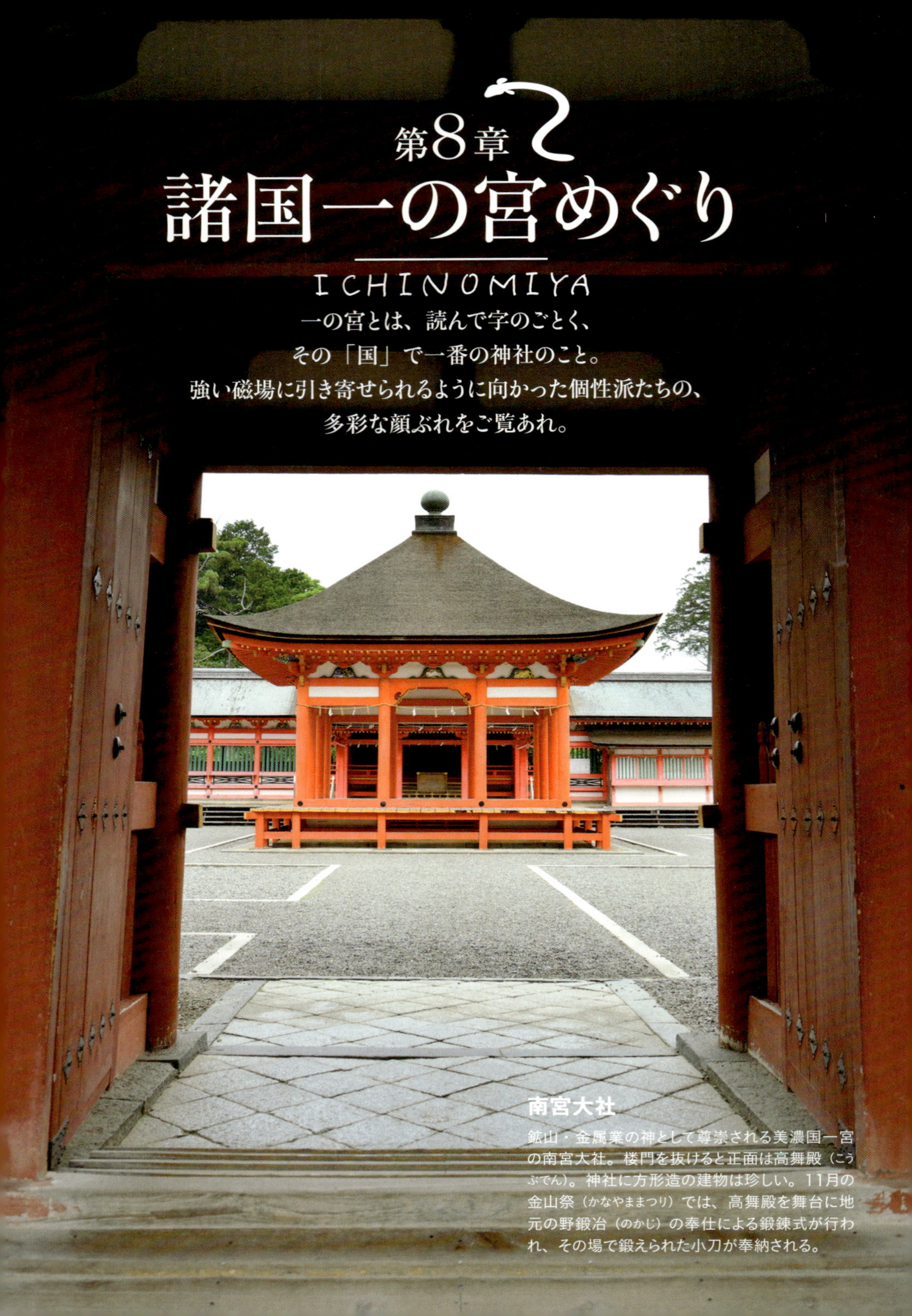

南宮大社

鉱山・金属業の神として尊崇される美濃国一宮の南宮大社。楼門を抜けると正面は高舞殿（こうぶでん）。神社に方形造の建物は珍しい。11月の金山祭（かなやままつり）では、高舞殿を舞台に地元の野鍛冶（のかじ）の奉仕による鍛錬式が行われ、その場で鍛えられた小刀が奉納される。

土佐神社

高々と掲げられた扁額にあるごとく土佐国一宮として崇敬されてきた高知市の土佐神社。8月24、25日の両日に斎行される「しなね祭」は大きな人出で賑わうが、初日早朝に行われる忌火祭（いみびさい）は神職のみによるひそやかな神事だ。忌火をきる直前、玉串を奉奠する神職たち。

3本殿2拝殿の特異な社殿を持つ謎多き大社

鹽竈神社
しおがまじんじゃ

祭神 別宮 鹽土老翁神《しおつちおぢのかみ》
左宮 武甕槌神《たけみかづちのかみ》
右宮 経津主神《ふつぬしのかみ》
創建 奈良時代以前
社格 陸奥国一宮・国幣中社
文化財 重文＝各宮の本殿、各宮の幣殿、石鳥居 他

表参道を見上げれば、202段ある石段の頂上に随神門がちらり［下］。その先の唐門をくぐると、右手に松島湾を背にした別宮《べつぐう》が、正面に左宮《さぐう》・右宮《うぐう》が姿を現す。左右宮の拝殿は1棟で、3本殿2拝殿という珍しい構成。創建年代は不明だが、タケミカヅチノカミとフツヌシノカミが陸奥国を平定した時に、両神の道案内をしたシオツチオヂノカミがこの地に留まり、人々に塩作りを教えたことに始まると伝えられる。神社は大和朝廷の蝦夷《えみし》征討の拠点に鎮座し、神亀《じんき》元年（724）、付近に多賀城（国府政庁）が造営された。伊達家の崇敬が厚く、歴代の仙台藩主は「大神主」として祭事を司り、多大な寄進を行っていた。

鳥居から随神門を見上げる。これらを含め、現在の社殿は元禄から宝永初年（17世紀末～18世紀初頭）にかけて、伊達家による造営。

宮城県

塩竈市一森山1-1　☎022-367-1611　HPあり
JR仙石線・本塩釜駅から車12分

東照宮より遥かな昔から——、
霊場日光の原点はこちら

日光二荒山神社《にっこうふたらさんじんじゃ》

祭神　大己貴命《おおなむちのみこと》
田心姫命《たごりひめのみこと》
味耜高彦根命《あじすきたかひこねのみこと》

創建　本社＝延暦元年（782）

社格　式内社（名神大）・下野国一宮・
国幣中社

文化財　国宝＝小太刀 銘来国俊・
黒漆蛭巻太刀拵 他
重文＝本社本殿、唐門 他

日光東照宮［166～171頁］の表門から西に伸びる上新道《かみしんみち》へ入ると、あの極彩色の世界とは風景が一変。大きな杉の木と石灯籠の並ぶ参道の奥に古格を帯びた朱塗りの社殿が現れる。日光二荒山神社は二荒山（男体山《なんたいさん》）を信仰の対象としてきた神社だ。地元、下野の勝道《しょうどう》上人が延暦元年（782）に登頂を成し遂げ、山頂に祠を建てたのがその起源とされる。以来、一帯は修験道の霊場として栄えてきた。

現在、本社の他に二荒山山頂に奥《おく》宮《みや》、中禅寺湖畔に中宮祠《ちゅうぐうし》、また別宮として滝尾《たきのお》本宮神社があり、妃神の御神体とされる女峰山《にょほうさん》、御子神の太郎山、華厳《けごん》の滝、日光連山をも含む神域は3400ヘクタールにも及ぶ。なお、現在の本社社殿は徳川秀忠公が元和5年（1619）に寄進造営したもので、山内《さんない》では最古。

本社拝殿の前で、神職たちが修祓。4月17日、例大祭の弥生祭のひとコマである。春の到来を寿ぐ弥生祭は毎年、大勢の人出でにぎわう。

栃木県

日光市山内2307　☎0288-54-0535　HPあり
東武日光線・東武日光駅から車10分

上って下がってお参りする「日本三大下り宮」

一之宮貫前神社《いちのみやぬきさきじんじゃ》

祭神　経津主神《ふつぬしのかみ》
姫大神《ひめおおかみ》
創建　安閑天皇元年(531)
社格　式内社(名神大)・上野国一宮・国幣中社
文化財　重文=本殿、拝殿、楼門、白銅月宮鑑 他

大鳥居までは石段をのぼるが、その先、総門をくぐると、今度は長い下りの石段が待っているというユニークな「下《くだ》り宮」の構造をもつ[右下]。富岡製糸場から車で10分ほどのところに位置し、祭神ヒメオオカミは詳細は不明ながら渡来系の織物の女神であるとされ、なるほど地域の産業との密接な関わりがうかがえる。祭神はもう1柱いて、物部氏の氏神であるフツヌシノカミ。古くはフツヌシを祭る抜鉾《ぬきほこ》神社、ヒメオオカミを祭る貫前神社の2神2社であったのが、いつしか2神1社となったものらしく、明治維新以前はむしろ抜鉾の呼び名が一般的だった。14世紀の説話集『神道集』によれば、上野国の一の宮は赤城大明神だったが、赤城神が抜鉾神の力を認めて1位の座を譲ったことが記されており、ほかにも機織をしていた赤城神が途中で生糸を切らしてしまい、抜鉾神に借りて完成させたという記述も。勇猛なはずの山の神のこんなかわいい(?)逸話も、この土地ならではといえよう。

[右] 総門から楼門を見下ろす。楼門をはじめ、本殿、拝殿は寛永12年(1635)に徳川家光の命によって造立された。宮崎の鵜戸神宮(63頁)、熊本の草部吉見神社と並んで「日本三大下り宮」とも。

富岡市一ノ宮1535　☎0274-62-2009　HPあり
上信電鉄上信線・上州一ノ宮駅から徒歩15分

豪華な装飾が施された本殿の破風。四角い囲みは「雷神小窓」と呼ばれている。この本殿、外観はふつうの入母屋造だが、珍しいことに内部は2階建てになっており、「貫前造（ぬきさきづくり）」と呼ばれる。1階には神輿2基が安置され、2階にご神座がある。

境内は約3万坪。近世には9万坪あったというが、大部分が明治以後、大宮公園の用地となった。主要社殿は昭和15年（1940）に内務省が造営。2キロに及ぶ参道はさいたま市民の格好の散歩道となっている。写真は楼門。

東下《とうか》した明治天皇が
ただちに行幸した関東の名社

氷川神社《ひかわじんじゃ》

祭神 須佐之男命《すさのおのみこと》
稲田姫命《いなだひめのみこと》
大己貴命《おおなむちのみこと》

創建 孝昭天皇3年（BC473）

社格 式内社（名神大）・武蔵国一宮・官幣大社

氷川信仰の神社は、旧武蔵国（埼玉・東京・神奈川東部）に280社を数えるというが、その総本社が埼玉県の大宮にあるこちら。出雲国造《こくぞう》（出雲大社の宮司家）の分かれである武蔵国造の一族が奉じた社で、出雲神話の主神たるスサノオ、その妃神イナダヒメ（クシナダヒメ）、オオナムチ（オオクニヌシ）を祭る。延喜式でも名神大社とされるなど早くから朝野の崇敬を集めた。

特筆されるのは明治元年（1868）10月28日の明治天皇の参拝行幸で、なにしろ天皇は同月13日に初めて、江戸改め東京の地を踏んだばかりだったのだ。まさに間髪を入れずだが、祭政一致を掲げた新政府としては、新たな皇城の地となる武蔵国の一の宮である当社をそれだけ重視したということなのだろう。

さいたま市大宮区高鼻町1-407　☎048-641-0137　HPあり
JR東北本線他・大宮駅から徒歩15分

八方除の神として
多くの参詣者を集める

寒川神社《さむかわじんじゃ》

祭神 寒川比古命《さむかわひこのみこと》
寒川比女命《さむかわひめのみこと》

社格 式内社（名神大）・相模国一宮・国幣中社

方位により生ずる災いを取り除く方徐《ほうよけ》ならば多くの神社で行なっているが、あらゆる災いを取り除く「八方除《はっぽうよけ》」となると、その守護神は全国でここだけ。「寒川大明神」と総称される2柱の祭神は、相模国を中心とする関八州を開発し護ってきた神さまだ。緑豊かな境内は約1万5000坪。延喜式にも載る東国有数の古社らしく、どっしりと頼もしい社殿［下］は、銅板葺、総木曾檜造で、築20年足らずとは思えぬ風格である。江戸城（現・皇居）の南西にあって、長きにわたり江戸の裏鬼門を護ってきたことも忘れてはなるまい。

近年では、故あって芸能関係者の間でもことさら人気が高く、健さんこと故・高倉健もしばしば参拝に訪れたという。

毎年8月15日には境内に舞台が設えられ「相模薪能」を開催。また、本殿裏手のご神域「神嶽山神苑（かんたけやましんえん）」は回遊式庭園となっており、春にはしだれ桜、秋には紅葉が楽しめる。写真は拝殿。

神奈川県

高座郡寒川町宮山3916 ☎0467-75-0004 HPあり
JR相模線・宮山駅から徒歩5分

ロープウェイで行ける弥彦山頂の奥宮からは
越後平野が一望のもと

彌彦神社《やひこじんじゃ》

祭神　天香山命《あめのかごやまのみこと》
社格　式内社(名神大)・越後国一宮・国幣中社
文化財　重文＝末社 十柱神社社殿、志田大太刀、鉄仏餉鉢

万葉集に詠まれた古社 1

越後平野の西、海沿いに位置する弥彦山《やひこやま》は、標高634メートルの小さな山ながら、古くから信仰の対象とされてきた。万葉集では2首が詠まれ、どちらの歌も山自体を神とみなしている——〈弥彦《いやひこ》おのれ神さび青雲のたなびく日すら小雨そぼ降る〉。その山の麓に鎮座するのが、彌彦神社だ。地元では「おやひこさま」と呼ばれている。

祭神は、アメノカゴヤマノミコト。アマテラスオオミカミの曾孫で、越後国開拓の命を受け、越後の浜に上陸して、漁業や稲作、製塩法などを伝えたとされる。ロープウェイで弥彦山の山頂まで行くと、そこには奥宮と呼ばれる御神廟があり、越後平野を一望できる。また宝物殿には、刃長220・4センチと日本有数の長さを誇る《志田大太刀《しだのおおたち》》が展示されている。

雪に埋もれる拝殿。本殿・拝殿は明治45年(1912)に焼失、大正5年(1916)に再建された。特殊神饌「大御膳(おおごぜん)」で知られる例祭は、まさにこの雪の中、2月2日に行われる。

西蒲原郡弥彦村弥彦2887-2　☎0256-94-2001　HPあり
JR弥彦線・弥彦駅から徒歩15分

広大な「入らずの森」を背に 5棟の重文建築が建つ

氣多大社《けたたいしゃ》

万葉集に詠まれた古社 2

祭神 大己貴命《おおなむちのみこと》
社格 式内社（名神大）・能登国一宮・国幣大社
文化財 重文＝本殿、拝殿、神門 他

氣多大社は、古代から北陸の大社として中央にも知られており、越中守だった大伴家持が天平20年（748）の参詣時に詠んだ歌が、万葉集に見える（当時、能登は越中の一部とされていた）。祭神はオオクニヌシの別名オオナムチノミコト。出雲から300余の神を率いて来て、魔鳥と大蛇を退治、海路を開き、この地に祭られたと伝えられる。古くは海上守護の社だったと思われるが、現在では特に縁結びの神さまとして人気を博している。

本殿裏には1万坪にも及ぶ森が広がり、「入《い》らずの森」と呼ばれている。樹齢数百年の広葉樹が茂り、その名の通り立ち入り禁止。鵜祭《うまつり》も当社ならではの神事だ。七尾市で捕獲された鵜が、50キロの道のりを2泊3日かけて連れて来られ、本殿で祝詞奏上後に放たれる。鵜の動きにより、その年の実りを占う。

本殿など5棟の社殿が重文に指定されている。写真は拝殿で、承応2～3年（1653～54）の造営。社殿背後に広がる「入らずの森」には奥宮が鎮座し、毎年、大晦日に宮司が入って祭儀を行う。

石川県

羽咋市寺家町ク1-1 ☎0767-22-0602 HPあり
JR七尾線・羽咋駅から車7分

空襲を免れた
両部鳥居形式の大鳥居

氣比神宮《けひじんぐう》

祭神　伊奢沙別命《いざさわけのみこと》
社格　式内社（名神大）・越前国一宮・官幣大社
文化財　重文＝大鳥居

越前国一の宮の氣比神宮が鎮座する港町・敦賀は、古代から近代まで海上交通・軍事の要衝だった。古代には唐や渤海《ぼっかい》からの使節を迎える「松原客館《きゃっかん》」が置かれ、当宮の宮司がその運営を任されたという。大陸文化受容の玄関口を守護する社として朝廷の信任も厚かったが、中世には戦乱に翻弄され荒廃していった。江戸時代には復興を果たし、慶長19年（1614）に福井藩初代藩主・結城秀康によって社殿が造営されたけれど、太平洋戦争末期の敦賀大空襲により、ほぼ全焼。現在の建物はその後の再建だ。9月に2週間かけて行われる例祭（通称「氣比の長祭り」）では、奇跡的に戦火を免れた大鳥居から6基の山車が出発して町内を巡行し、町はひときわ賑やかになる。

［右］夕陽を浴びて黄色味を帯びた朱塗りの大鳥居。正保2年（1645）に建てられ、氣比神宮の中で唯一、空襲を免れた。主柱の前後に稚児柱を付けた両部（りょうぶ）鳥居という形式で、高さは10・9メートル。

敦賀市曙町11-68　☎0770-22-0794　HPあり
JR北陸本線他・敦賀駅から徒歩15分

福井県

神話の物語など
豪華な彫刻が施された
「権現造」の社殿

三嶋大社《みしまたいしゃ》

祭神 大山祇命《おおやまつみのみこと》 積羽八重事代主神《つみはやえことしろぬしのかみ》

社格 式内社(名神大)・伊豆国一宮・官幣大社

文化財 国宝＝梅蒔絵手箱 重文＝本殿・幣殿・拝殿、源頼家筆 般若心経 他

平治の乱に敗れ、伊豆国に流罪となっていた源頼朝は、治承4年（1180）8月に挙兵。三嶋社で戦勝祈願したのち、手始めに平家の目代《もくだい》(＝代官)・山木兼隆を討ち取る。それはまさに同社祭礼の夜で、兼隆邸の警備が手薄になった隙をついたのだった。兼隆はまた、娘・政子が流人の頼朝と恋仲になったのに激怒した北条時政が、政子との縁談を進めていた当の相手でもあった。以後、順調に源氏再興を果たし、幕府を開いてからも頼朝は、箱根神社、伊豆山神社とともに三嶋社を崇敬。当社には政子奉納と伝わる《梅蒔絵手箱》もある。漆を塗り重ね、金粉を濃密に蒔きつけた豪華な品で、精緻なレプリカが宝物館で公開されている(実物は館内外含め数年に1度の公開)。

社殿は、江戸時代までの古社殿としては東海地方随一の規模。拝殿正面の天岩戸、源頼政のぬえ退治などの、神話や伝説に基づく彫刻が見事。嘉永7年（1854）に東海地震で罹災、慶応2年（1866）に再建。

静岡県
三島市大宮町2-1-5 ☎055-975-0172 HPあり
JR東海道線他・三島駅、伊豆箱根鉄道駿豆線・三島田町駅から徒歩7分

朱塗りの社殿群の奥、
本殿の軒下にはずらりと龍が

南宮大社《なんぐうたいしゃ》

祭神　金山彦命《かなやまひこのみこと》
創建　神武天皇時代（BC660～BC582）
社格　式内社（名神大）・美濃国一宮・国幣大社
文化財　重文＝本殿、幣殿、拝殿、高舞殿、楼門 他

延喜式に載るこの古社の南宮という名は、美濃国府の南に位置したことに由来するとか。美濃で南宮と言えば関ヶ原の戦いで毛利・吉川軍が陣を敷いた南宮山を思い出す向きもあろう。実際、当社はその北東麓に所在し、合戦の煽りを受けて社殿焼失の憂き目を見た。現社殿は、当地で生まれ育った春日局のたっての願いにより、徳川家光が再建したもの。祖父が与えた損害を孫が償ったことになる。

明るい朱色の楼門、高舞《こうぶ》殿《でん》［220頁］、拝殿が並び、その奥に素木の本殿［左頁］が鎮まる。全体に和様の印象だが、よく見れば長押《なげし》（柱に打ちつける水平材）ではなく貫《ぬき》（柱を貫通する水平材）を用い、木鼻《きばな》（貫の先端）に剞形《くりがた》を施すなど唐様《からよう》との折衷となっており、特に「南宮造《なんぐうづくり》」と呼ぶ。

カナヤマヒコノミコトという神名からわかる通り、鉱山・金属の神として、古来、篤く信仰されてきた。廻廊には包丁や鋏、大工道具から水道管までさまざまな金属製品の業者が奉納した額がひしめいている［下］。

［右］廻廊内に掲げられた金属製品の奉納額。
［左頁］廻廊から本殿を拝する。軒下にずらずらと突き出した尾垂木（おだるき）の先端が、全て龍の頭になっているのがインパクト大。

不破郡垂井町宮代1734-1　☎0584-22-1225　HPあり
JR東海道本線・垂井駅から車5分

岐阜県

武の神の社に魅惑の女神像

建部大社《たけべたいしゃ》

祭神　本殿　日本武尊《やまとたけるのみこと》
　　　権殿　大己貴命《おおなむちのみこと》
創建　景行天皇46年(116)
社格　式内社(名神大)・近江国一宮・官幣大社
文化財　重文=木造女神坐像(附 木造小女神坐像2軀)、石灯籠

鳥居をくぐると、神さびた参道沿いに掲げた5枚のパネルに、ヤマトタケルノミコトの伝説が劇画風のタッチで描かれていて、参拝者の目を奪う。神門を抜けると一転、篩目の美しい玉砂利の境内には、檜皮葺、素木の社殿が並び建つ。拝殿の奥には、ヤマトタケルを祭る本殿と、オオナムチノミコトを祭る権殿《ごんでん》が、同じ一間社流造の秀麗な姿で並ぶ[下]。拝殿前の三本杉は、オオナムチを権殿に奉祀した際、一夜にして成長したと伝わるご神木で、神紋にもなっている。

琵琶湖の南端、古来、東国と京を結ぶ交通の要衝に鎮座するとあって、街道を行き来する武士たちの庇護、信仰が篤かった。源頼朝が配流先の伊豆に向かった際、ここに立ち寄り、源氏の再興を祈願し、成就したことから、出世開運の神として知られるようになった。

ヤマトタケルの御妃の姿と言われ、袖で口元を隠すしとやかな姿が印象的な女神像と、小さな2体の女神像[左頁]は、宝物館で拝観できる。

[右] 向かって左がヤマトタケルを祭る本殿で、右がオオナムチを祭る権殿。
[左頁] 大小3体の女神像はいずれも平安後期の作。中央の像の高さは41・2cm。
＊拝観は、事前に神社に確認が必要。

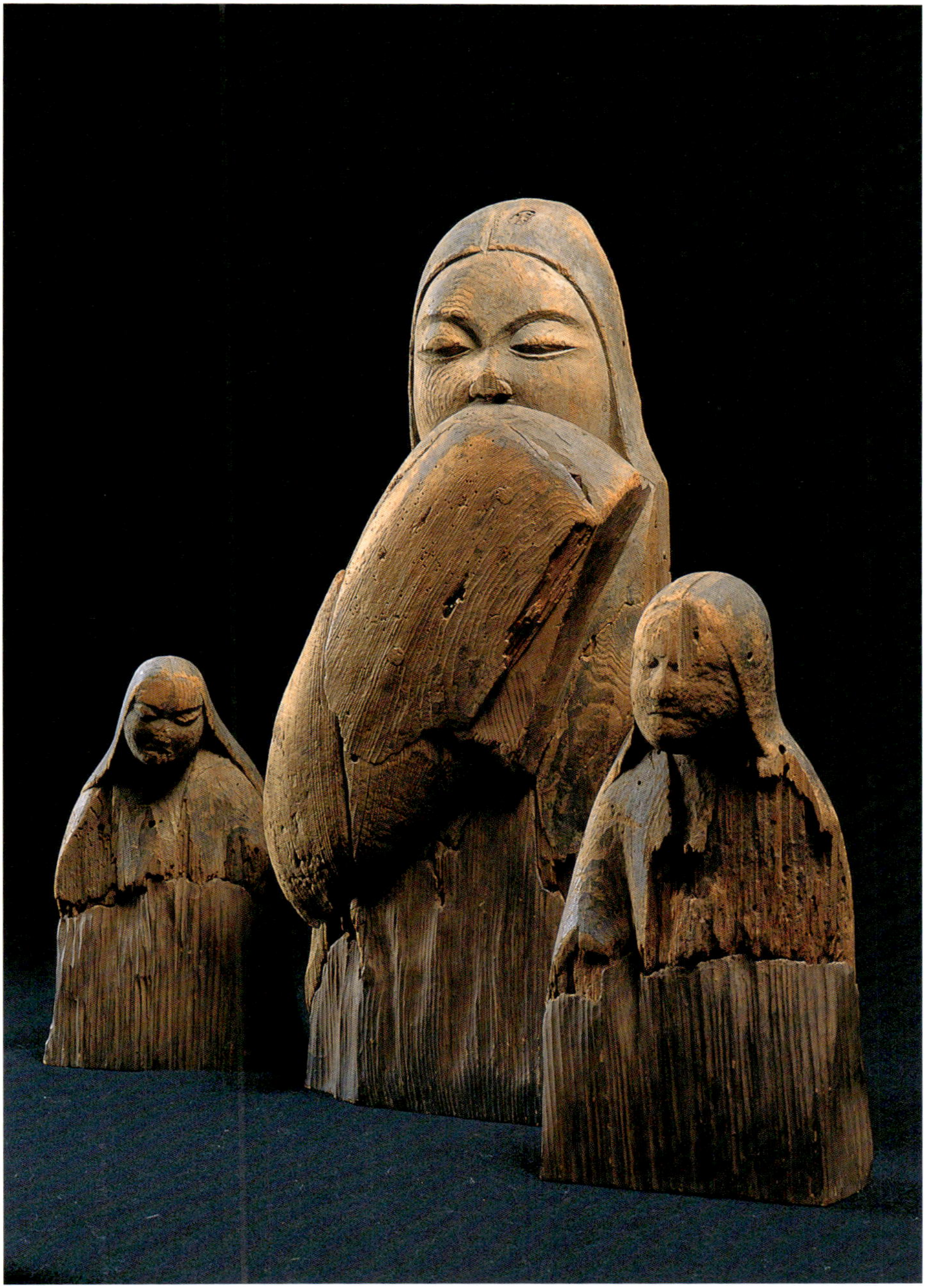

滋賀県

大津市神領1-16-1　☎077-545-0038　HPあり
京阪石山坂本線・唐橋前駅から徒歩15分

土佐神社

とさじんじゃ

長宗我部元親が造営した豪壮な「入蜻蛉造」社殿

祭神　味鋤高彦根神《あじすきたかひこねのかみ》
一言主神《ひとことぬしのかみ》

社格　式内社（名神大）・土佐国一宮・国幣中社

文化財　重文＝本殿、幣殿・拝殿、鼓楼、楼門

延喜式神名帳に、土佐唯一の名神大社として名を連ねる古社である。社殿は元亀元年（1570）、長宗我部元親の再建。十字が交差する部分は重層切妻になっている。のちに2代土佐藩主・山内忠義が鼓楼、楼門を建立するなど、藩主、藩士に崇敬された。

合戦で焼失した土佐神社の社殿を再建したのは、土佐統一に向けて猛進中だった長宗我部《ちょうそかべ》元親《もとちか》。その際、「入蜻蛉造《いりとんぼづくり》」に改めている。本殿の手前に十字型（縦軸より横軸が長い）をなす拝殿と幣殿が配置された特異な建築様式で、上空から見ると、本殿の神さまの元へトンボが飛び込んでいくように映る。トンボは前進不退であることから勝ち虫とも呼ばれ、元親は再建とともに四国統一を祈願、戦果をあげるたびに参詣し、凱旋報告をしていたという。のちに、野望実現を目前にして豊臣秀吉の軍門に降る。

毎年8月24、25日には、同社のもっとも重要な祭祀「しなね祭」を斎行［221頁］。境内にかがり火がたかれ、神楽や和太鼓が奉納され、神輿も巡幸する盛大な祭りで、土佐三大祭の1つに数えられている。

高知市しなね2-16-1　☎088-845-1096　HPあり
JR土讃線・土佐一宮駅から徒歩15分

名工の手による
九州最大の社殿

高良大社《こうらたいしゃ》

祭神 高良玉垂命《こうらたまたれのみこと》
八幡大神《はちまんおおかみ》
住吉大神《すみよしおおかみ》

創建 仁徳天皇55年(３６７)
または同78年(３９０)

社格 式内社(名神大)・筑後国一宮・
国幣大社

文化財 重文＝本殿・幣殿・拝殿 他

高良大社は、久留米市の耳納《みのう》連山西端、高良《こうら》山《さん》の中腹に立つ。山の標高は３１２メートルと高くはないけれど、聖域としての歴史は長い。約１３００個の神籠《こうご》石なる列石が神社の裏手から山裾まで連なり、古代の祭祀跡とも防塁跡とも言われる。祭神コウラタマタレノミコトは、三韓征伐の際、神功皇后の前に現れ、潮の満ち引きを操る２つの珠を与えたという土地の神。後に八幡神、住吉神と合祀され、中世の神仏習合時代に隆盛を極めたが、戦国期に荒廃。江戸期に久留米藩主・有馬氏のもとで復興を遂げた。九州最大級の社殿は3代藩主・有馬頼利が万治２～寛文元年（１６５９～６１）に再建したもの。目下「平成の大修理」中だが、平成30年春には完成の予定。

社殿は高さ13メートル、幅17メートル、奥行き32メートルと九州最大。江戸城や日光東照宮の普請にも携わった久留米の名工・丹羽頼母（たのも）が手がけたもので、写真の幣殿の格天井の絵は、狩野白信（はくしん）による。

福岡県

久留米市御井町1 ☎0942-43-4893 HPあり
JR久大本線・久留米大学前駅から車15分

【取材協力】
滋賀県観光交流局　九州観光推進機構

【撮影】

広瀬達郎[新潮社写真部]
カバー表、p1、4、24-25、26、36-39、44、54、57、58、63、65、70-71、86-87、88-89、90、92-93、96、97、98-99、100-103、105、110、115、116下、118-121、124、136-137、139、142、150、152左、153下、155下、160-161、163、172、189、190-191、192-193、194-195、214下、220、224-225、226、230、232-233、234

筒口直弘[新潮社写真部]
p34-35、45、56、59上、66-67、68、69、80下2点、82-85、125、130-131、140-141、143下、144、149、151、152右、153上、158-159、162、164-165、166、169、171、198-201、208、209下、210-211

中野晴生
カバー裏、p14-15、20-23、28下、29、30-33、43、59下、60-61、78-79、80上、81、91、95、126-127、129上、133、174、184-185、186-187、196、197、202上、203、218、221、222、223、231、236、237

藤田庄市……p16-19、154
本田武士[新潮社「週刊新潮」編集部]……p28上
三好和義……p42
小林紀晴……p52-53
菅野健児[新潮社写真部]……p55、135
松藤庄平[新潮社]……p62、64、168、170、206、219
後藤真樹……p104右
野中昭夫[新潮社]……p128、129下2点、235
須田慎太郎……p167
土居誉[新潮社「週刊新潮」編集部]……p202下
鈴木美保[新潮社「芸術新潮」編集部]……p207
熊谷武二[朝日新聞フォトアーカイブ]……p213
金川功[新潮社「芸術新潮」編集部]……p215下
青木登[新潮社写真部]……p227

【写真提供】

宗像大社……p27、47
石清水八幡宮……p40-41
宇治上神社……p94、155上
福島県観光物産交流協会……p104左
國學院大學研究開発推進機構……p113
住吉神社……p116上
鶴岡八幡宮……p122
大崎八幡宮……p123
アフロ……p138
養父市教育委員会……p143上
宇佐神宮……p148
久能山東照宮……p173
明治神宮……p175
富士山本宮浅間大社……p188
東北歴史博物館……p204-205
譽田八幡宮……p209上
日高村教育委員会……p212
織田文化歴史館……p214上
笠石神社……p215上
櫛引八幡宮……p216-217
彌彦神社……p228
氣多大社……p229

岡田莊司　おかだ・しょうじ　1948年、神奈川県生れ。國學院大學神道文化学部教授、博士（歴史学）。主著に『大嘗の祭り』（学生社　1990年）、『平安時代の国家と祭祀』（続群書類従完成会　1994年）、編著に『日本神道史』（吉川弘文館　2010年）、『事典　神社の歴史と祭り』（同　2013年）など。

米澤貴紀　よねざわ・たかのり　1978年、神奈川県生れ。名城大学助教、博士（工学）。専門は日本建築史・建築技術史。論文に「神仏習合儀礼の場の研究―神道灌頂を中心として―」（2013年）、著書に『日本の名城解剖図鑑』（エクスナレッジ　2015年）、『神社の解剖図鑑』（同　2016年）など。

伊藤聡　いとう・さとし　1961年、岐阜県生れ。茨城大学人文学部教授、博士（文学）。専門は日本思想史。『中世天照大神信仰の研究』（法蔵館　2011年）で第34回角川源義賞（歴史部門）を受賞。編著に『中世神話と神祇・神道世界』（竹林舎　2011年）、著書に『神道とは何か　神と仏の日本史』（中公新書　2012年）など。

【主要参考文献】

・『日本古典文学大系1　古事記祝詞』 岩波書店　1958
・『日本古典文学大系2　風土記』 岩波書店　1958
・『日本古典文学大系67/68　日本書紀 上・下』 岩波書店　1965・67
・黒板勝美＋国史大系編修会編『新訂増補　国史大系
　交替式・弘仁式・延喜式　前篇』 吉川弘文館　1972
・『日本建築史基礎資料集成一～三　社殿Ⅰ～Ⅲ』
　中央公論美術出版　1972～1998
・岡田莊司『平安時代の国家と祭祀』 続群書類従完成会　1994
・谷川健一編『日本の神々―神社と聖地《新装復刊》』全13巻
　白水社　2000
・濱島正士監修、青木義脩＋松原誠司著『文化財探訪クラブ④　神社建築』 山川出版社　2001
・伊藤聡＋遠藤潤＋松尾恒一＋森瑞枝『日本史小百科　神道』
　東京堂出版　2002
・今谷明編『王権と神祇』 思文閣出版　2002
・椙山林継＋岡田莊司＋牟禮仁＋錦田剛志＋松尾充晶
　『古代出雲大社の祭儀と神殿』 学生社　2005
・松前健『日本神話の謎がよくわかる本』 大和書房　2007
・植島啓司著、鈴木理策写真『世界遺産 神々の眠る「熊野」を歩く』
　集英社新書ヴィジュアル版　2009
・岡田莊司編『日本神道史』 吉川弘文館　2010
・伊藤聡『神道とは何か　神と仏の日本史』 中公新書　2012
・三浦正幸『神社の本殿　建築にみる神の空間』 吉川弘文館　2013
・岡田莊司＋笹生衛編『事典 神社の歴史と祭り』 吉川弘文館　2013
・藤原新也著・写真、安部龍太郎著『神の島　沖ノ島』 小学館　2013
・島田裕巳『なぜ八幡神社が日本でいちばん多いのか』 幻冬舎新書　2013
・岡田莊司監修『太陽の地図帖_024　全国「一の宮」めぐり』 平凡社　2014
・かみゆ歴史編集部編『日本の神社 完全名鑑　全国ビジュアルガイド』
　廣済堂出版　2014
・須田慎太郎『日光東照宮400年式年大祭記念　日光東照宮』
　集英社インターナショナル　2015
・米澤貴紀『神社の解剖図鑑』 エクスナレッジ　2016
・松前健『日本の神々』 講談社学術文庫　2016
・三浦佑之『風土記の世界』 岩波新書　2016
・「週刊朝日百科　日本の国宝」関係各巻　朝日新聞社　1997～2001
・「週刊　日本の神社」関係各巻　デアゴスティーニ・ジャパン　2014～2016

本書は「芸術新潮」2016年8月号特集
「神の空間を旅する　神社100選」を
再編集したものです。

神々《かみがみ》が見《み》える　神社《じんじゃ》100選《せん》

2016年12月15日発行
2024年 9 月20日5刷

編者　芸術《げいじゅつ》新潮《しんちょう》編集《へんしゅう》部《ぶ》
発行者　佐藤隆信
発行所　株式会社新潮社
住所　〒162-8711 東京都新宿区矢来町71
電話　編集部 03-3266-5381
読者係 03-3266-5111
https://www.shinchosha.co.jp
印刷所　大日本印刷株式会社
製本所　大口製本印刷株式会社

デザイン　野澤享子＋高倉美里（Permanent Yellow Orange）

乱丁・落丁本は、ご面倒ですが小社読者係宛お送り下さい。
送料小社負担にてお取替えいたします。
価格はカバーに表示してあります。

©Shinchosha 2016, Printed in Japan

ISBN978-4-10-345503-5 C0026